新时代体育健康服务高质量供给的矛盾研判、制度调试与推进路径

李夏 著

中国商业出版社

图书在版编目(CIP)数据

新时代体育健康服务高质量供给的矛盾研判、制度调试与推进路径 / 李夏著. -- 北京 : 中国商业出版社, 2024. 12. -- ISBN 978-7-5208-3252-6

Ⅰ. G804.3

中国国家版本馆CIP数据核字第2024C0B808号

责任编辑:黄世嘉

中国商业出版社出版发行

(www.zgsycb.com　100053　北京广安门内报国寺1号)

总编室:010-63180647　　编辑室:010-63033100

发行部:010-83120835/8286

新华书店经销

廊坊市旭日源印务有限公司印刷

*

710毫米×1000毫米　16开　5.75印张　93千字

2024年12月第1版　2024年12月第1次印刷

定价:56.00元

* * * *

(如有印装质量问题可更换)

前 言

在当今社会，随着人们生活水平的不断提高和健康意识的日益增强，体育健康服务已成为国家发展战略的重要组成部分，对于促进全民健康、提升国民素质、推动社会和谐发展具有不可替代的作用。然而，面对新时代背景下人民群众对体育健康服务多元化、高质量的需求，我国体育健康服务的供给体系仍面临诸多挑战与矛盾，亟须进行深入的研判、制度调试与实践探索。本书正是基于这一时代背景和社会需求而撰写的。本书旨在通过系统梳理体育健康服务的基本概念、特征及其在国家战略中的地位与作用，深入分析我国体育健康服务的发展现状，进而研判当前体育健康服务高质量供给所面临的主要矛盾，提出针对性的制度调试建议和实践推进路径。

本书共分为五章。第一章概述了体育健康服务的基本定义、特征及其在国家战略中的地位与作用，同时对我国体育健康服务的发展现状进行了简要分析。第二章深入探讨了体育健康服务高质量供给的理论基础，包括健康中国战略、全民健身、终身体育、科学健身等，为后续的矛盾研判和制度调试提供了坚实的理论支撑。第三章详细研判了体育健康服务高质量供给所面临的主要矛盾，包括政策法规滞后、供需结构失衡、资源分配不均、标准化与个性化问题以及科技创新与人才短缺等。这些矛盾不仅制约了体育健康服务的高质量供给，也影响了人民群众的健康福祉和体育事业的发展。第四章提出了制度调试的政策建议，旨在通过完善体育健康服务制度体系、构建多元化供给体系等措施，优化体育健康服务的供给环境，激发市场活力，提高服务质量。第五章进一步探讨了实现体育健康服务高质量供给的实践策略，包括推动体育健康服务智慧化发展、促进体育健康与养老服务的融合发展、加强社区体育健康网络建设、体育健康服务专业人才培养以及营造全民健身文化氛围等。

本书在撰写过程中力求做到理论与实践相结合，既注重理论分析的深度和广度，又注重实践策略的针对性和可操作性。希望本书的出版能够为相关部门和从业者提供有益的参考和借鉴，为推动我国体育健康服务的高质量供给和全民健康事业的发展贡献一份力量。

由于时间和水平有限，书中难免存在疏漏和不足之处，恳请广大读者批评指正。

李夏

2024 年 8 月

目 录

第一章　体育健康服务概述

第一节　体育健康服务的定义与特征

一、体育健康服务的定义

体育健康服务是指通过专业的体育指导、科学的运动规划、有效的健康监测与评估，以及必要的健康干预措施，为个人或团体提供的旨在提升身体素质、预防疾病、促进心理健康及提高生活质量的综合性服务。这一服务融合了体育学、健康学、医学、营养学等多个学科的知识与技能，体现了跨学科合作与综合服务的理念。

二、体育健康服务的特征

（一）产品混合性

体育健康服务是体医结合的产物，既关乎体育与健康事业，也涉及体育与健康产业，呈现出混合产品的特征，涵盖纯公共产品、准公共产品和私人产品三种类型。首先，健康教育推广、体质测试与监测等部分体育健康服务是面向全民的纯公共产品，属于公共服务的范畴。它们涉及人的健康权与体育权的基本保障问题，关乎我国整体性的健康福祉，保证全民享受到体育健康服务，也是体现我国社会主义制度优越性的必然要求。其次，科学健身服务等体育健康服务属于准公共产品，具有较强的正外部性。这些体育健康服务不仅给个人带来直接的健康价值，更重要的是能产生降低疾病发生概率、减少医疗费用支出等溢出价值。最后，相当多的体育健康服务是私人产品。体育健康服务的本质内涵是产业活动，具有消费竞争性和受益排他性特征，需要通过市场化方式供给。这些体育健康服务产品的目的是满足人民群众日益增长的个性化、多样化、高端化健康需求，涉及的行业扩展到运动健身、运动康养、体育旅游等新兴业态。由此可见，体育健康服务具有公益性和市场性的双重属性，既包括以公共健康为导向，发挥政府主导作用的纯公共产品、准公共产品，也包括以市场需求为导向，发挥市场资源配置决定性作用的私人产品。体育健康服务的责任主体和服务载体也呈现多元性特征，既包括健身房、减肥训练营、社会体育俱乐部、运动康复诊疗中心、体育医院，也包括社区医疗服务中心、公立医院等。一般而言，具有双重产品属性的产品和服务的定价机制比较复杂，通常需要政府协调其产业性和公益性的关系，由政府和市场混合供给。鉴于此，各国通常采用政府购买服务、产业政策扶持等方式发展体育健康产业。

（二）对象广泛性

大量证据表明，体育活动是防治慢性疾病和提高生活质量最积极、最有效的手段之一，因其服务对象广泛性的优势，成为世界公认的维护人类健康的四大基石之一。所谓体育活动服务对象广泛性是指能够维护全人群（男女老少）、全生命周期（婴幼儿到老年）、健康全过程（健康、亚健康、疾病、康复、强壮、健美）的身心健康。从宏观层面来看，体育健康服务是直接关系全民健康利益的民生服务。从微观层面来看，研究显示，我国许多综合性医院、体育专科医院针对不同性别、年龄、收入水平及不同健康状况的各类人群，提供贯穿预防、治疗及康复的整个病程和日常始终的健康体检、身体评估、运动干预等专业技术支持。正因为体育健康服务的服务对象广泛性特征，引起政府、医疗与体育机构等相关部门的高度重视，使参与者的参与水平、参与质量成为实现体育运动健康价值创造的关键所在。

（三）过程融合性

过程融合性是指孤立的事物或元素以某种方式改变离散状态集中在一起，产生联系，构成有机整体的现象。体育健康服务作为体医结合的产物，既依据于医学范畴的循证医学、康复医学等现代医学原理和诊疗技术，也依据于体育运动规律和体育科技。从本质上讲，体育健康服务不是一种独立的服务模式，而是将医疗资源引入体育服务，实现病中干预、保健康复、疾病预防和健康促进等融合服务的持续性、体系化供给。体育健康服务过程将体医技术整合为体育健康服务方案，应用于疾病预防和治疗及健康促进。由此可见，体育健康服务过程呈现出显著的融合性特征。以运动处方制定与实施为例，按照临床规范流程运动处方制定与实施包括以下六个步骤：一是健康筛查与风险评估，即通过问诊、体适能或慢性病调查问卷，了解个人疾病史、运动史和心血管危险因素等个人健康信息，评估运动风险，明确是否需要医务监督；二是医学检查，即对心血管类、代谢类慢性病的高危人群进行血糖、血脂、骨密度等医学检查；三是运动试验，即基于健康筛查结果，采用“多级负荷试验”方法对各人群进行运动测试；四是体能测试，即对运动负荷试验无异常的人进行握力、背力、立位体前屈、闭眼单足站立、俯卧撑、12 分钟跑和纵跳等测试；五是制定运动处方，即基于以上检查结果，根据个人实际情况确定运动处方内容、注意事项及阶段性锻炼计划等；六是运动处方实施，即根据体育运动的规律，进行调动身体机能的热身活动、保持一定负荷的体育活动和逐渐降低负荷的整理活动以及运动过程的自我监控。

（四）价值多样性

体育健康服务是内容与精神、功能与象征、技术与体验、经济与社会的综合产物，其服务内容赋予了它的有形价值，运动的精神性决定了它的无形价值。这从根本上决定了体育健康服务具有价值多样性的特征，呈现为多层次的价值体系，由此成为其区别于一般服务的显著特征。

从价值创造的角度来看，体育健康服务价值按照人们是否直接参与服务生产流程，可分为利用价值和非利用价值两种类型。利用价值是指任何与体育健康服务直接或间接联系的价值，可表述为直接利用价值和间接利用价值。其中，直接利用价值也称消费性利用价值或可提取利用价值，是指直接参与生产的体育健康服务，如科学健身服务、运动康复服务等。间接利用价值也称功能性利用价值或不可提取利用价值，是由体育健康服务的功能属性而衍生出来的价值。它是指体育健康服务对相关产业带动、居民身心健康、身体素养、生活质量、医疗支出、社会交往、心理收入的正向影响等。非利用价值是指与是否参与体育健康服务生产不相关的价值，包括能够满足人们精神文化需求的价值。非利用价值一般包括对没有参与体育健康服务者的教育价值、文化价值、社会价值等。

从价值评估的角度来看，体育健康服务价值根据资产价值市场的形式可分为市场价值和非市场价值。体育健康服务的市场价值是指在市场条件下，能够通过价格机制反映，进入市场进行交换的体育健康服务价值的统称。体育健康服务的直接利用价值属于市场价值的范畴，间接利用价值中对体育用品制造、医疗器械制造、体育建筑、体育培训、体育旅游等相关产业的带动价值也属于市场价值的范畴。非市场价值是指不满足资产市场价值定义条件的价值类型。非市场价值具有复杂、多元、不稳定特征，且缺乏共同的记账单位，无法进入市场，难以通过价格机制衡量。体育健康服务具有很强的正外部性和公共产品属性，能够产生巨大的健康效应、社会效应，如提高国民健康水平、降低社会医疗负担和服务成本、健康信息传播、促进社会和谐等，因此，它的非市场价值非常显著。一般而言，体育健康服务的部分间接利用价值和非利用价值属于非市场价值的范畴。

（五）主动参与性

主动参与性是体育健康服务区别于一般服务的重要特点。首先，与医疗服务不同，运动干预是体育健康服务实施的特有方式，需要以身体参与为前提条件，即通过运动干预激发人体自组织能力，促进人体多样化适应，促进身体机能增强或疾病逆转，即使是运动康复服务中的被动运动或牵引运动，也都需要肢体协助或配合来达到身体健康的目的。同时，医生、体育健身指导者等提供的体育健康价值主张能否得以实现，主要依赖于顾客能否遵循服务建议及其贯彻执行程度。其次，顾客参与是提高体育健康价值的关键。在体育健康服务价值创造过程中，服务供给者和顾客是合作伙伴关系，他们之间的合作配合至关重要。一是顾客比体育健康服务供给者更了解自己的病史、身体状况、运动干预效果，如果顾客存在隐瞒病史、不遵循医嘱、不配合改变生活方式等行为，将可能严重影响体育健康服务价值生成。二是顾客的运动干预疾病进展、服务体验是服务供给者调整体育健康服务方案的依据，顾客反馈的意见将有利于服务方案的及时调整、服务质量的改进等，当顾客认为体育健康服务方案不完全合适时，就有必要对方案进行调整或修改。最后，顾客需要关注自身需求、病情发展，主动与服务供给者沟通，对其表达自身健康期望、提出相应建议。正因为体育健康服务的主动参与性特征，顾客在体育健康服务价值创造中占据主导地位，顾客参与程度将极大影响健康价值实现。

三、体育健康服务的意义

体育健康服务作为现代健康管理与服务领域的重要组成部分，旨在通过体育活动和科学的健康管理手段，促进个体及群体的身心健康。它不仅能够提高人们的身体素质、增强免疫力、预防疾病，还能够改善人们的心理状态、缓解压力、提升生活品质。同时，体育健康服务也是构建健康中国、推动全民健身运动深入发展的重要力量。

第二节　体育健康服务在国家战略中的地位与作用

一、体育健康服务在国家战略中的地位

体育健康服务在国家战略中占据着重要的地位，被视为提高全民健康水平、促进社会和谐发展的重要手段。体育健康服务的发展被纳入国家战略的框架内，旨在通过体育活动的普及和体育设施的建设，提高全民的健康水平和生活质量。具体来说，体育健康服务在国家战略中的地位体现在以下几个方面。

（一）提升全民健康水平

体育在推进健康中国建设过程中发挥着重要作用，通过体育活动增强人民体质，提高全民族的健康水平，为实现“两个一百年”奋斗目标和中华民族伟大复兴的中国梦奠定坚实的健康基础。

（二）国家战略的体现

国务院在印发的《关于加快发展体育产业促进体育消费的若干意见》明确提出，将全民健身上升为国家战略，旨在通过加快体育设施建设、鼓励社会力量参与、增强群众体育健身意识等措施，促进体育产业的发展。

（三）推动体育强国战略

体育强国战略是新时期我国体育工作改革和发展的目标与任务之一，旨在通过提高体育锻炼参与率、增加人均体育场地面积等措施，实现由体育大国向体育强国的转变。

（四）促进社会和谐发展

通过体育活动的普及和体育设施的建设，不仅能够提高人民的身体素质，还能增强社会凝聚力和国家竞争力，促进社会和谐发展。

综上所述，体育健康服务在国家战略中的地位不容忽视，它不仅是提高全民健康水平的重要途径，也是促进社会和谐发展的重要手段。通

过实施一系列政策和措施，推动体育健康服务的发展，对于实现国家的发展目标和民族的伟大复兴具有重要意义。

二、体育健康服务在国家战略中的作用

（一）有利于推进健康中国战略

开展体育健康服务、满足全民健康需求是推进健康中国战略的重要路径。依据《“健康中国 2030”规划纲要》（以下简称《规划纲要》）的战略方针，国务院办公厅在 2017 年出台的《国务院办公厅关于印发中国防治慢性病中长期规划（2017—2025 年）的通知》中，明确提出要“促进体医融合，在有条件的机构开设运动指导门诊，提供运动健康服务”。从体育产业的价值属性角度来看，体育产业与健康中国战略存在逻辑上的高度自洽。体育健康服务作为体育产业的重要内容，具有民生服务的重要属性，它在促进全民健康、培养健康生活方式、营造健康环境及促进健康产业等方面发挥不可替代的独特作用，逐渐成为推进健康中国建设的重要抓手。特别是在“以人民为中心”的体育发展理念指导下，体育产业发展强劲，产业边界不断突破，体育健康服务业逐渐成为体育产业最具活力的一个新亮点，加上全民健身与全民健康深度融合，体育健康服务在助推健康中国建设中的作用进一步得到彰显。为此，探究体育健康服务的相关理论问题，能够充分认识体育健康服务在健康中国战略实施中的功能、价值及其意蕴，从理论层面指导体育健康服务实践工作，全方位、全地域满足人们多样化的运动与健康需求，从而有利于体育健康服务进一步推动健康中国建设。

（二）有利于促进体育产业和健康产业高质量发展

随着新时代经济发展阶段变化和增长动力的逐步转换，体育产业和健康产业的发展逻辑逐渐朝高质量发展方向转变。民生幸福是体育产业高质量发展的根本价值导向，全方位全生命周期维护和保障人民健康是健康产业高质量发展的重要目标。体育健康服务具有内容健康性、素质塑造性、过程激励性及参与动态性等特征，能够促进身心健康，提高生活品质和生命质量，与人们日益增长的精神文化消费需求相契合。为此，体育健康服务作为体医融合的结合体，同时肩负着实现体育产业和健康

产业高质量发展的重大使命和责任。2020 年 9 月 22 日，习近平总书记在主持召开教育文化卫生体育领域专家代表座谈会时提出，要把人民健康放在优先发展战略地位，同时建立体育和卫生健康等部门协同、全社会共同参与的运动促进健康新模式。习近平总书记的重要讲话和指示，明确了新时代体育健康服务发展定位，指明了体育健康服务前进方向。本书以顾客参与体育健康服务为主题，聚焦其参与体育健康服务的动因、行为及结果，构建顾客参与体育健康服务价值共创的理论框架，是在理论层面对全社会参与运动促进健康新模式的积极回应，从实践层面有利于促进体育产业和健康产业高质量发展。

（三）有利于丰富老年健康服务体系

随着我国逐渐进入深度老龄化社会，健康服务有效供给不足与健康服务需求不断增长之间的矛盾日益凸显，完善老年健康服务体系成为国家健康事业的重大战略任务。老年健康服务体系的不断完善需要体育领域的支持，国家卫生健康委员会、民政部等 8 部门在 2019 年联合发布的《关于建立完善老年健康服务体系的指导意见》中明确提出，将运动纳入健康教育、预防保健的服务范畴。体育健康服务既关乎体育与健康事业，也涉及体育与健康产业，呈现出服务产品的综合性特征，涵盖纯公共产品、准公共产品和私人产品三种类型。研究体育健康服务广泛性、直接性、主动性、长效应的健康服务类型，充分发挥运动在健康—疾病连续体上的健康促进、健康维护、健康修复多元功能，促进健康、亚健康、病兆、病症、康复等老年人群增强体质、防治疾病、维护健康，不断满足日益增长的健康服务需求，进而不断丰富老年健康服务体系。本书关注老年人的健康问题，探索老年顾客参与体育健康服务价值共创的内在机制，能够增强老年人群的健康责任参与，提高体育参与能力和健康素养，产生对体育健康服务的价值认同，在不断提高健康服务供给质量的同时，也能促使他们主动维护身心健康并使之常态化，进而实现老年健康服务体系的战略目标。

（四）有利于践行“以人民为中心”的体育发展观

党的十八大以来，习近平总书记高度重视体育在经济社会的多元功能和综合价值，围绕体育工作作出了一系列重要指示，形成了“以人民为中心”的体育发展思想。该思想的核心理念是“发展为了人民、发展依靠人民、发展成果由人民共享”，三者系统诠释了体育改革发展的根本目的、根本动力和价值取向，并作为灵魂和纲领贯穿体育事业和体育产业发展的全过程。健康是改善民生的第一要务，也是体育领域的工作重点。体育健康服务面向的是人民群众最关心的健康问题，全面促进体育健康服务发展，必然成为新时代我国体育工作增进民生福祉、创造美好幸福生活的重要路径。在本书的理论建构中，体育健康服务的目的是创造实用价值、享乐价值、学习价值、社会价值和经济价值等多元价值，顾客参与是体育健康服务价值创造的内在动力，体育健康服务价值则由顾客感知、评价获得，其内在逻辑集中体现了“发展为了人民、发展依靠人民、发展成果由人民共享”的发展理念。因此，探究顾客参与体育健康服务价值共创的路径，为促进体育健康服务发展提供理论指导，对于满足人民群众健康需求，提升获得感，践行“以人民为中心”的体育发展观具有重大意义。

第三节　我国体育健康服务发展现状

一、体育健康服务业的发展背景

（一）老龄化社会的需要

我国是世界上老年人口最多的国家，而且老龄化正持续加深，形势十分严峻。根据第七次全国人口普查数据，我国总人口已达到14.12亿人，其中，60岁及以上人口数量超过2.6亿人，占比为18.7%，65岁及以上人口数量超过1.9亿人，占比为13.5%。从发展趋势来看，我国人口老龄化增长迅速，预计到2033年，65岁人口占比将超过20%，将进入超级老龄化社会。人口老龄化将带来一系列经济社会问题，其中，健康问题最为突出。虽然，政府通过“新医改”取得了一定的成绩，然而单纯依靠医疗卫生干预的“被动治疗”模式未从根本上实现促进人民健康的目标，医疗卫生支出不降反升。随着健康医学模式的发展，健康服务的焦点逐渐从被动医疗转向主动健康，预防作为最有效的健康手段逐渐得到重视，并形成社会共识。

（二）慢性病蔓延

慢性病是对一类起病隐匿、病程长且病情迁延不愈、缺乏明确的传染性生物病因证据、病因复杂或病因尚未完全确认疾病的概括性总称。

2011年世界银行认为，慢性病已经成为中国的头号健康威胁，如果不及时采取有效策略，预计到2030年，中国40岁以上人群，患糖尿病、心血管疾病、癌症和慢性呼吸系统疾病的人数将增加2～3倍。因此，针对我国慢性病发生的严峻形势，原卫生部部长陈竺在2011中国慢性病防控论坛暨中国健康促进联盟成立大会上认为，中国已经呈现慢性病“井喷”态势。近年来，越来越多的研究证据支持体力活动不足是导致慢性病的主要因素。世界卫生组织有关专家结合当今人类的健康特征与疾病危害趋势，明确指出久坐不动是导致疾病与死亡的主要原因，是当今最不合理的生活方式之一。布伦特兰博士在世界卫生日之际指出，缺乏足够的体力活动对人体健康能够产生严重的后果，是疾病和残疾的主要原因。布伦特兰博士呼吁人们重视体力活动，并告诫人们改变久坐不动的生活方式。研究证明，合理的体育运动能有效控制糖尿病、高血压、肥胖等慢性病的蔓延，是一种经济高效的治疗手段。

（三）国家的高度重视

《规划纲要》明确提出，要加强体医融合和非医疗健康干预，发挥全民科学健身在健康促进、慢性病预防和康复等方面的积极作用。《规划纲要》高度肯定了体育在健康领域的多元功能价值，并首次将体医融合列为健康中国建设的重要举措。随着健康中国战略的逐步推进，体医融合已从国家的顶层设计进入体育和健康领域的落实发展。《国务院办公厅关于促进全民健身和体育消费推动体育产业高质量发展的意见》及《促进健康产业高质量发展行动纲要（2019—2022年）》明确提出，要通过完善运动处方库、建设体医结合健康管理机构、丰富中医体医结合服务、发展健身休闲产业等方式，推动形成体医融合的疾病管理和健康服务模式。在体育产业和健康产业政策规划引领和市场创新驱动的共同作用下，体医融合不断推进，运动干预、慢病防治、健康促进、体质评估、运动监控、运动康复等产品与服务不断形成，各种体育健康服务模式不断涌现，逐渐成为促进全民健康的新渠道。

二、体育健康服务业的发展现状

体育健康服务业有着巨大的市场发展空间和美好的发展前景，但目前体育健康服务行业发展现状并不是十分理想，问题主要集中在以下几个方面。

（一）服务对象定位不清

体育健康服务业普遍存在着服务对象定位不清的问题，主要表现为混淆了体育运动事业和体育运动产业。体育健康服务行业是一种经济活动，它必须在市场中运作，那么追求利润最大化就是它运营的主要目的。在这个庞大需求体育健康服务的人群面前，只有将服务提供给有意购买且有支付能力的人，企业才有可能盈利。同时，必须区分出哪些是通过市场经营可以产生经济效益的，哪些是市场无能为力，需要政府出面的。例如，公共体育健康服务，这类服务的供给者是不会获得理想利润的，因为市场不能有效率地提供具有非竞争性和非排他性的公共物品，这是体育健康服务领域中市场失灵的领域，甚至根本不存在公共体育健康服务的自由市场。所以，如果企业在公共体育健身路径、公共体育健身场所、体育健康教育等这类公共健康服务上投资想取得预期的经济效益是相当困难的，除非能与政府合作让政府补贴。

（二）盈利能力差

体育健康服务业的目标市场相当一部分是健康人群的疾病预防需求，在发达国家，社会福利保障体系、保险公司和企业等第三方支付是体育健康服务的最大埋单者，而在我国还没有形成以第三方支付为基本消费行为的服务市场。我国体育健康服务主要依靠个人或少数企业埋单，而我国也还没有形成一个足够大的以主动消费为主流的市场，普遍存在着健康理念先进但响应者寥寥，投入较大但产出的现金流很小，目标客户群庞大但客户贫乏，用心深化服务但服务工具和产品单一等问题。能够接受体育健康服务的只是相对高端的人群，致使体育健康服务消费群体较小。另外，现阶段，我国体育健康服务企业的商业模式、经营方式和盈利途径单一，人力成本不断上升，这种现象严重制约了体育健康服务业的发展。

（三）服务创新能力弱

针对什么样的目标群体设计什么样的服务和产品，现在大多数体育健康服务公司并没有很好地做到这一点，在服务和产品设计上存在很多问题，如产品和服务同质化严重、缺乏创新，行业发展方向不清晰，跟风现象严重。例如，在体育健康服务业中，大多数健身俱乐部提供的服务大同小异，服务的科技含量跟不上，最终只能陷入价格战的恶性循环。在网络时代，物理空间再也不是资讯传播的障碍。行业内的每一次产品和服务的创新，都会被飞快地模仿剽窃，尤其对产品和服务模式创新的抄袭更是易如反掌。因此，加快高新技术的产业化、商业化，尽快拥有自己的核心竞争力成为当务之急。没有核心竞争力，就没有可持续发展的动力，如果大家都在较低服务层面争夺有限的高端客户资源，最后谁都吃不饱。这里，技术服务型公司的出现为我们开了一个好头，但是什么是核心竞争力以及怎样打造自己的核心竞争力，依旧是大家心中的困惑。

（四）领导团队结构失衡

大多数体育健康服务的领导团队都具有深厚的体育专业背景。他们有的是体育专业的大学生、研究生，有的是退役的运动员，有的是热情的体育运动爱好者。正是在这些深刻理解运动健康的专业人士的领导下，很多公司都在困境中挣扎。究其原因，创业团队人力资源结构失衡是重要因素。创业不是坐堂看病，不是简单的体育训练，专业人士决不能是创业团队的全部，服务产业有其自身的市场规律，作为一个商业机构，从产品设计到市场营销，从客户服务到销售培训，都需要相对专业的人才。而事实上很多陷入困境的公司，正是创业团队结构失衡的公司。

（五）员工素质较低

员工素质对服务质量的稳定有重要意义体育健康服务要求服务操作者既要懂得运动方面的知识，又要懂得部分医学健康方面的知识，还要有实际的操作经验，甚至有较强的营销沟通能力。而我国对这类复合型人才的培养力度不够，使企业招不到合适的人才，只能招聘体育专业或者有医学背景的人，即使对他们进行培训，也很难使员工将运动和健康知识真正融合在一起，员工的知识基础会直接影响服务质量。此外，因为企业的盈利能力和工作稳定性等问题，体育健康服务企业的员工对企业的归属感较差，流动性大，很难建立一支稳固的员工队伍。

第二章 体育健康服务高质量供给的理论基础

第一节 健康中国战略

一、健康中国战略的提出

进入21世纪后，党和政府在不断推动中国经济高速发展的同时，越来越重视社会民生建设，着力把增进广大人民群众的健康福祉列入党的重大战略决策之中。2012年，“健康中国2020”战略研究报告发布，该报告主要阐述了中国医疗事业发展所面临的机遇与挑战，明确了发展的指导思想与目标，提出了发展的战略重点和行动计划以及政策措施等。2012年11月，党的十八大首次正式提出全面建成小康社会的新战略目标，其中明确提出要提高人民的健康水平，指出健康是促进人的全面发展的必然要求，要坚持为人民健康服务的方向，坚持预防为主、以农村为重点、中西医并重，按照保基本、强基层、建机制要求，重点推进医疗保障、医疗服务、公共卫生、药品供应、监管体制综合改革，完善国民健康政策，为群众提供安全、有效、方便、价廉的公共卫生和基本医疗服务。

党的十八大以来，党和政府审时度势、总揽全局，作出了统筹推进“五位一体”总体布局和协调推进“四个全面”战略布局的决策，坚持人民主体地位，顺应人民群众对美好生活的向往，从人民群众最关心、最直接、最现实的利益问题入手，把增进广大人民群众福祉、促进人的全面发展作为一切工作的出发点和落脚点，着力在经济社会发展中保障和改善民生。在新的战略布局下，党和政府适应经济社会发展的新要求，着力于“全面提高人民健康水平”，努力“全方位、全周期”保障人民健康，把“健康中国”的战略构想发展上升为国家发展战略。

2015年3月，政府工作报告首次提出打造健康中国的主张。此后，党的十八届五中全会从“五位一体”总体布局和协调推进“四个全面”战略布局出发，对当前和今后一个时期更好地保障人民健康作出了制度性安排，明确提出了推进健康中国建设的战略决策。在国务院医改领导小组的领导下，2016 年 3 月成立了以卫生和计划生育委员会、发展和改革委员会、财政部、人力资源和社会保障部、体育总局等部门为主，原环境保护部、原国家食品药品监督管理总局等 20 多个部门参加的起草工作组及专家组，着手制订健康中国战略规划。在此编制过程中，起草工作组及专家组充分发扬民主，协调各方参与，组织有关部门、智库和专家开展了专题研究、平行研究和国际比较研究，借鉴国内其他领域和国际国民健康中长期发展规划经验，广泛听取地方、企事业单位和社会团体等多方面意见，并公开向社会大众征集意见。2016 年 8 月 19 日至 20 日，全国卫生与健康大会在北京召开，大会征求了全体与会代表对健康中国战略规划纲要草案的意见。习近平总书记出席了大会并发表了重要讲话。他从中国经济社会发展的战略全局高度深刻阐述了推进健康中国建设的战略意义、指导方针、工作部署以及重点任务等，具有深远的指导意义。为全面贯彻习近平总书记的重要讲话精神，加快推进健康中国建设，2016 年 8 月 26 日，中共中央政治局召开会议，审议通过了《“健康中国 2030”规划纲要》。经过反复修改，同年 10 月，中共中央、国务院正式印发了《“健康中国 2030”规划纲要》，要求各地区各部门结合实际认真贯彻落实。自此，健康中国战略成为新时代党和政府维护广大人民群众生命健康的重大国家战略而提上实践日程。

为推进健康中国建设，2016 年 12 月，国务院印发了《“十三五”卫生与健康规划》，规划明确了党和政府在“十三五”时期奋力推进健康中国建设的十大重点任务：一是加强重大疾病防治，建立专业公共卫生机构、综合性医院和专科医院、基层医疗卫生机构“三位一体”的重大疾病防控机制；二是推动爱国卫生运动与健康促进，推进健康城市和健康村镇建设，提高全民健康素养，增强人民体质；三是加强妇幼卫生保健和生育服务，保障妇女、儿童和青少年健康，有效降低孕产妇死亡率和婴儿死亡率；四是发展老年健康服务，推动医疗卫生与养老服务融合发展；五是促进贫困人口等重点人群健康，维护好贫困人口、流动人口、残疾人等重点人群健康，促进健康公平；六是完善计划生育政策，改革完善计划生育服务管理，保持适度生育水平；七是提升医疗服务水平，保障医疗质量安全，基本建立符合国情的分级诊疗制度；八是推动中医药传承创新发展，健全中医药健康服务体系，推进中西医协调发展；九是强化综合监督执法与食品药品安全监管；十是加快健康产业发展，鼓励社会力量以多种形式参与健康服务，满足人民群众多样化、多层次健康需求。2017 年 10 月，党的十九大胜利召开，大会描绘了决胜全面建成小康社会、夺取新时代中国特色社会主义伟大胜利的宏伟蓝图。在党的十九大报告中明确将实施健康中国战略纳入国家发展的基本方略之中，把人民健康放在优先发展的战略地位，要求完善国民健康政策，为人民群众提供全方位全周期健康服务。这充分表明，党和政府已经将实施健康中国战略纳入国家整体发展战略体系之中统筹推进，健康中国战略已进入全面实施阶段。2022 年 10 月 16 日，习近平总书记在党的二十大报告中提出，增进民生福祉，提高人民生活品质。要推进健康中国建设，把保障人民健康放在优先发展的战略位置，完善人民健康促进政策。优化人口发展战略，建立生育支持政策体系，降低生育、养育、教育成本。实施积极应对人口老龄化国家战略，发展养老事业和养老产业，优化孤寡老人服务，推动实现全体老年人享有基本养老服务。深化医药卫生体制改革，促进医保、医疗、医药协同发展和治理。促进优质医疗资源扩容和区域均衡布局，坚持预防为主，加强重大慢性病健康管理，提高基层防病治病和健康管理能力。深化以公益性为导向的公立医院改革，规范民营医院发展。发展壮大医疗卫生队伍，把工作重点放在农村和社区。重视心理健康和精神卫生。促进中医药传承创新发展。创新医防协同、医防融合机制，健全公共卫生体系，提高重大疫情早发现能力，加强重大疫情防控救治体系和应急能力建设，有效遏制重大传染性疾病传播。深入开展健康中国行动和爱国卫生运动，倡导文明健康生活方式。

二、健康中国战略的基本内容

《规划纲要》是党和政府在新时代实施健康中国战略的总纲目，其主要内容概述如下。

《规划纲要》在简要回顾中国医疗卫生发展基本成就的基础上，首先阐述了维护人民生命健康和推进健康中国建设的重大战略意义，明确推进健康中国建设是全面建成小康社会、基本实现社会主义现代化的重要基础，是全面提升中华民族健康素质、实现人民健康与经济社会协调发展的国家战略，是积极参与全球健康治理、履行 2030 年可持续发展议程国际承诺的重大举措。

第一部分总体战略。总体战略主要阐述了推进健康中国建设的指导思想、战略主题和战略目标。在指导思想上，《规划纲要》强调要坚持以人民为中心的发展思想，牢固树立和贯彻落实创新、协调、绿色、开放、共享的新发展理念，把健康融入所有政策，全方位、全周期维护和保障人民健康。为此，在推进健康中国建设的进程中应主要遵循健康优先、改革创新、科学发展、公平公正的原则。《规划纲要》将“共建共享、全民健康”作为健康中国建设的战略主题，明确以人民健康为中心，坚持以基层为重点，以改革创新为动力，预防为主，中西医并重，人民共建共享的卫生与健康工作方针。《规划纲要》明确提出要把“共建共享”作为推进健康中国建设的基本路径，强调要从供给侧和需求侧两端发力，统筹社会、行业和个人三个层面，形成维护和促进健康的强大合力，推动人人参与、人人尽力、人人享有，不断提升人民群众的健康获得感，在共建共享中实现全民健康，而实现全民健康正是党和政府推进健康中国建设的根本目的。为实现全民健康的根本目的，《规划纲要》提出了到2020年、2030年和2050年的战略目标，明确到2020年建立覆盖城乡居民的中国特色基本医疗卫生制度，人民健康服务体系完善高效，人人享有基本医疗卫生服务和基本体育健身服务，人民群众主要健康指标居于中高收入国家前列。到2030年促进全民健康的制度体系更加完善，健康领域发展更加协调，基本实现健康公平，主要健康指标进入高收入国家行列。具体目标包括：人民健康水平持续提升，人均预期寿命达到79岁；主要健康危险因素得到有效控制；健康服务能力大幅提升；健康产业规模显著扩大；促进健康的制度体系更加完善，健康领域治理体系和治理能力基本实现现代化。在此基础上，到2050年建成与社会主义现代化国家相适应的健康国家。

第二部分普及健康生活。着眼于塑造中国个体公民健康的生活方式，引导公众参与大众健康活动，提高民众自身健康素养，《规划纲要》提出要大力加强全民健康教育，建立健全健康促进与教育体系，提高健康教育服务能力，将健康教育纳入国民教育体系。要在引导公众合理膳食、开展控烟限酒、减少不安全性行为和毒品危害，以及促进公民心理健康等方面实施健康生活方式的政策举措，在全社会积极塑造个体公民自主自律的健康生活行为方式。同时，《规划纲要》还提出要通过不断完善全民健身公共服务体系，广泛开展全民健身运动，加强体医融合和非医疗健康干预等措施着力提高全民身体素质。其中，特别要加大政策力度，做好青少年、妇女、老年人、职业群体及残疾人等特殊群体的体质健康干预计划。

第三部分优化健康服务。《规划纲要》提出要在强化覆盖全民公共卫生服务、提供优质高效的医疗服务、充分发挥中医药独特优势、加强重点人群健康服务四大方面协同优化健康服务供给体系。其中，在公共卫生服务方面，《规划纲要》提出：一是要实施慢性病综合防控战略，加强国家慢性病综合防控示范区建设，到2030年实现全人群、全生命周期的慢性病健康管理；二是要加强对艾滋病、结核病、手足口病、登革热、麻疹、血吸虫病、鼠疫等重大传染病防控，完善传染病监测预警机制，加大各类传染病和地方病投入力度；三是完善计划生育服务管理，形成有利于人口均衡发展的政策体系；四是继续实施完善国家基本公共卫生服务项目和重大公共卫生服务项目，推进城乡居民基本公共卫生服务均等化。在医疗服务方面，《规划纲要》明确全面建成体系完整、分工明确、功能互补、密切协作、运行高效的整合型医疗卫生服务体系。同时，通过建立不同层级、不同类别、不同举办主体医疗卫生机构间目标明确、权责清晰的分工协作机制创新医疗卫生服务供给模式，通过建立体现中国特色的医疗质量管理与控制体系提升医疗服务水平和质量。《规划纲要》还确定要充分发挥中医药防病治病的独特优势，加强中医在临床、养生保健方面的体系建设，推进中医药继承创新。此外，《规划纲要》还提出要特别加强对社会重点人群的医疗服务关爱，提高妇幼健康水平，促进健康老龄化，维护残疾人健康。

第四部分完善健康保障。在健全医保体系方面，《规划纲要》提出要健全以基本医疗保障为主体、其他多种形式（补充保险和商业健康保险）为补充的多层次医疗保障体系。加强基本医保、城乡居民大病保险、商业健康保险与医疗救助等的有效衔接，明确到2030年全民医保体系成熟定型。同时，全面推进医保支付制度改革，形成总额预算管理下的复合式付费方式，优化异地医保结算制度，到2030年全民医保管理服务体系完善高效。在完善药品供应保障体系方面，《规划纲要》提出要深化药品、医疗器械流通体制改革，完善国家药品价格谈判机制，建设遍及城乡的现代医药流通网络。同时，要进一步完善国家药物政策，按照政府调控和市场调节相结合的原则，完善药品价格形成机制，强化价格、医保、采购等政策的衔接，制定完善医保药品支付标准政策等。

第五部分建设健康环境。针对影响健康的诸多环境风险问题，《规划纲要》具体提出：一是深入开展爱国卫生运动，重点是加强城乡环境卫生综合整治，着力建设健康城市和健康村镇，明确到2030年建成一批健康城市、健康村镇建设的示范市和示范村镇；二是加强影响健康的环境问题治理，主要包括深入开展大气、水、土壤等污染防治，实施工业污染源全面达标排放计划，建立健全环境与健康监测、调查和风险评估制度；三是加强食品安全监管，强化药品安全监管，切实保障食品药品安全；四是完善公共安全体系，具体措施包括强化安全生产和职业健康、促进道路交通安全、预防和减少伤害、提高突发事件应急能力、健全口岸公共卫生体系等。

第六部分发展健康产业。《规划纲要》提出要优化多元办医格局，推进和实现非营利性民营医院与公立医院同等待遇，破除社会力量进入医疗领域的不合理限制和隐形壁垒。同时，要积极促进健康与养老、旅游、互联网、健身休闲、食品融合，催生健康新产业、新业态、新模式，打造一批知名品牌和良性循环的健康服务产业集群。在进一步优化市场环境的基础上，积极发展健身休闲运动产业，打造具有区域特色的健身休闲示范区、健身休闲产业带。此外，在促进医药产业发展方面，《规划纲要》提出要加强医药技术创新，不断推动医药创新和转型升级，提升中国医药产业发展水平，形成一批跨国大型药品流通企业。

第七和第八部分健全支撑与保障和强化组织实施。《规划纲要》提出要在深化体制机制改革、加强健康人力资源建设、推动健康科技创新、健全健康信息化服务体系、加强健康法治建设、加强国际交流合作六大方面采取政策措施，为健康中国建设提供强有力的支撑与保障体系。同时，为扎实有效地推进健康中国建设，《规划纲要》要求各地区各部门要将健康中国建设纳入重要议事日程，健全领导体制和工作机制，将健康中国建设列入经济社会发展规划，将主要健康指标纳入各级党委和政府考核指标体系之中。同时，营造良好社会氛围、做好实施监督，为健康中国建设的实施打下良好的组织和社会基础。

三、实施健康中国战略的意义

实现国民健康长寿，是国家富强、民族振兴的重要标志，也是全国各族人民的共同心愿。而在决胜全面建成小康社会、实现“两个一百年”奋斗目标和实现中华民族伟大复兴的历程中，实施健康中国战略无疑具有重大的社会现实意义。

（一）实施健康中国战略是当代中国应对健康挑战的必然要求

改革开放以来，中国经济高速发展。但是，随着中国经济的高速发展出现了一系列影响人民生命健康的风险和挑战，突出表现在以下几个方面：其一，环境污染已成为严重危害人民生命健康的风险因素。近年来，人民群众广泛关注的大气、水、土壤等环境污染问题集中暴露，因环境污染而导致的各种疾病的发生率不断上升，环境污染给人民健康造成了严重危害。其二，当代中国面临着越来越紧迫的慢性病防治问题。改革开放以来，随着广大人民群众生活水平的不断提高和生活方式的不断变化等，疾病谱发生了根本变化，各种急性传染病、寄生虫病的发病率和死亡率都显著下降，而与之相比，以心脑血管疾病、糖尿病、恶性肿瘤等为主的慢性非传染性疾病已成为影响中国城乡居民身体健康和生命安全的重要因素。其三，中国老龄化步伐加快对健康服务提出了新的挑战。大量的卫生经济学研究显示，老年人是医疗服务需求的庞大群体。当老龄人口比重增加，全社会用于老年人的医疗服务和费用比重也会随之增加。据统计，2015 年中国 60 岁及以上人口已达到 2.22 亿人，占总人口的 16.15%。预计到 2020 年，中国老年人口将达到 2.48 亿人，老龄化水平达到 17.17%，其中 80 岁及以上老年人口将达到 3067 万人。到 2025 年中国 60 岁及以上人口预计将达到 3 亿人，成为超老年型国家。随着中国人口老龄化程度加剧，老年人对医疗护理服务的需求将不断增加，这无疑对中国健康服务提出了更高要求。

综上所述，实施健康中国战略是党和政府应对上述诸多健康风险和挑战的必然选择，在大健康的视野下，“健康中国”战略内容涵盖破解上述诸问题系列举措，其战略实施无疑有着重大的现实意义。

（二）人民健康是全面建成小康社会的重要内涵和基础

1979 年 12 月，邓小平在会见日本首相时根据中国经济发展的实际情况，首次提出了“小康”的概念以及在 20 世纪末中国达到小康社会的战略构想。此后，实现小康社会成为中国经济社会发展的重要标志，写入了党的重大战略目标之中。经过全党和各族人民的共同奋斗，到 20 世纪末中国稳定地解决了十几亿人的温饱问题，人民的生活总体上达到了小康水平。但是这仍然是低水平、不全面、发展不平衡的小康。进入 21 世纪，党的十六大明确提出全面建设小康社会的宏伟目标，提出要在 21 世纪头 20 年，集中力量全面建设惠及十几亿人口的更高水平的小康社会，使经济更加发展、民主更加健全、科教更加进步、文化更加繁荣、社会更和谐、人民生活更殷实。党的十七大深刻地阐释了“以人为本”的科学发展观，进一步提出了实现全面建设小康社会奋斗目标的新要求，明确加快推进以改善民生为重点的社会建设，努力使全体人民学有所教、劳有所得、病有所医、老有所养、住有所居，推动建设和谐社会。党的十八大首次正式提出全面建成小康社会的宏伟目标，是包括经济建设、政治建设、文化建设、社会建设、生态文明建设“五位一体”全面发展的小康，强调要在全面建成小康社会中多谋民生之利，多解民生之忧，解决好人民最关心、最直接、最现实的利益问题，在学有所教、劳有所得、病有所医、老有所养、住有所居上持续取得新进展，努力让人民过上更好的生活。党的十九大报告提出，到 2020 年建成经济更加发展、民主更加健全、科教更加进步、文化更加繁荣、社会更和谐、人民生活更加殷实的小康社会，把增进民生福祉作为发展的根本目的，从而不断促进人的全面发展。由此可见，党和政府全面建成小康社会的出发点和落脚点就是要让广大人民过上好日子，要抓住广大人民群众最关心、最直接、最现实的利益问题，想人民之所想、急群众之所急、解群众之所困。只有广大人民群众满意了，全面建成小康社会才算真正实现。

党的十八大以来，党和政府在全面建成小康社会的奋斗历程中顺应人民群众对美好生活的向往，把实现人民健康作为全面建成小康社会的内涵和基础。习近平总书记明确提出，人民身体健康是全面建成小康社会的重要内涵，是每一个人成长和实现幸福生活的重要基础。从这一战略判断而言，每个中国人的健康关系着一个家庭的幸福美满，而 14 亿多中国人的健康则决定着我们国家和民族的伟大复兴。“健康中国”战略按照全面建成小康社会的新要求，从大健康、大卫生的高度将健康融入经济社会发展各项政策之中，以健康优先打造健康中国，构建全民健康型的小康社会，其战略意义极其重要。

（三）实施“健康中国”战略对主动适应和引领中国经济发展新常态具有重大意义

党的十八大以后，党和政府在科学分析国内外经济发展形势、准确把握中国基本国情的基础上，针对中国经济发展的阶段性特征作出了经济发展进入新常态的重大战略判断，即经济发展速度从高速增长转向中高速增长，经济发展方式从规模速度型粗放增长转向质量效率型集约增长，经济结构从增量扩能为主转向调整存量、做优增量并存的深度调整，经济发展动力从传统增长点转向新的增长点。长期以来，中国经济发展中的一个突出问题就是过度依赖低成本劳动力扩张产能，忽视对资源环境安全等关系人民健康条件的保护，带来了不少的社会问题。在经济新常态下，党和政府着力扭转“重物轻人”的发展模式，明确提出创新、协调、绿色、开放、共享的新发展理念，大力推进供给侧结构性改革，优化产业结构，积极培育发展绿色、低碳、健康、环保等新的经济增长点。这既为中国经济稳步发展创造了良好的人力资本条件，也为中国经济转型升级提供了重要引擎。经济学的研究揭示，人力资本是一个国家经济发展的基础，也是国家财富积累的重要源泉，而健康是重要的人力资本要素之一。因此，健康具有重要的外部经济效应，国民健康能够较好地促进经济增长，而疾病会给经济发展带来巨大的负面影响。经济学家舒尔茨对印度的实证研究表明，健康状况的改善与死亡率的下降以及平均寿命的延长，将会对劳动生产力产生积极的影响，健康状况的改善能够提高社会生产率。放眼国外，一些欧美发达国家在 20 世纪 70 年代就启动了实施国民健康提升计划，并以此作为提升综合国力的重要着力点，极大地促进了经济的快速发展。目前，美国、德国、日本的健康产业占 GDP 的比重都较高，是经济转型升级的主要动力。进入 21 世纪，随着中国居民生活水平的提高以及人口老龄化的到来，人们对于就医、健身、养老、旅游、环保等与健康相关的需求越来越高。党和政府在经济发展中着力推进供给侧结构性改革，通过“三去一降一补”大力发展绿色、环保、健康、养老等新产业、新业态。在此经济发展趋势下，中国健康产业作为一项新兴产业，近年来也呈现蓬勃发展之势。相关数据显示，2013 年中国保健食品行业产值达 3000 亿元，年递增达到 15%以上。但是，目前中国的健康产业（包括保健、医药及健康产业）总体发展规模较小，仅占 GDP 的 4%～5%。在这种情况下，主动适应和引领中国经济发展新常态就要大力发展健康产业，这可以说是推动中国经济结构转型升级的重要引擎。而实施“健康中国”战略正是党和政府适应经济发展新常态的客观要求，推动中国健康产业转型升级进而拉动中国经济发展的重大战略举措。因此，作为国民经济中一个规模相当可观的民生产业，健康产业将成为中国经济新常态下拉动国民经济持续健康发展的重大驱动力，在此意义上实施“健康中国”战略无疑对党和政府主动适应和引领中国经济发展新常态具有重大意义。

第二节　全民健身

一、全民健身的概念

全民健身是全国男女老少整体进行增强身体的力量、柔韧性、增加身体的耐力，提高身体各个部位的协调性，进行控制身体从而达到人们的身体健康。全民健身的主要目的是为了提高全国人民的身体体质和健康，参与全民健身的主体是儿童和青少年，提倡全体人民每天要进行一次的健身活动，同时要学习不少于两种的健身方法，每年都要进行一次身体测验。

二、全民健身的内涵

全民健身是党和国家共同关注、持续推进的大事，国家先后设立了“全民健身日”“体育宣传周”，并将全民健身上升为国家战略。可见，全民健身已关乎人民切身利益、关乎人民幸福、关乎民族未来。全民健身旨在发挥增强体质体魄、促进社会适应能力、维护心理健康、坚强民族意志、振奋国人精神的标志性作用。同时，也是全面提升人民身体素质和健康水平最经济实惠、最绿色环保、最普及便捷、最亲民实效的重要非医疗干预手段，是人民追求美好生活的重要内容和重要方式。

三、落实全民健身的意义

伴随体育强国战略和健康中国战略的推进，体育已然成为中华民族伟大复兴的标志性事业。而全民健身作为体育的基础支撑，必然会助力中华民族伟大复兴。因此，积极广泛开展全民健身具有重要的现实意义。

（一）开展全民健身是树立共同理想的需要

全民健身是我国体育事业的关键基础支撑，是中华民族伟大复兴的重要内容。个人的梦想、建设体育强国的梦想和实现中华民族伟大复兴的梦想相互统一、紧密相连。通过全民健身，实现全民健康才可能树立共同理想。加快建设体育强国是我国全面建设社会主义现代化国家的重要目标，是人民健康生活、国家整体发展、实现“两个一百年”奋斗目标的重要组成部分。人民身体健康是每一个人全生命周期成长和全方位实现幸福生活的基础，而全民健身对全民健康具有不可替代的重要作用。因此，党和国家从中华民族伟大复兴的战略高度，提出大力发展全民健身。

（二）开展全民健身是夯实事业基础的保证

建设体育强国既是国家整体发展的规划目标，也是全面建成社会主义现代化强国的实际需要。建设体育强国需要群众体育和竞技体育互相促进，并通过全民健身实现。回首中国百年体育事业发展，从无资格参与或无力参与奥运会，到成为奥运奖牌名列前茅的体育大国，再到北京成功举办奥运会，体育精神已经成为中国精神的重要体现，成为我国屹立于世界民族之林的文化自信名片，成为我国推动对外交流合作的标志性事业。

（三）开展全民健身是坚守人民至上理念的体现

党的二十大报告指出，"让现代化建设成果更多更公平惠及全体人民"。站在中华民族伟大复兴的战略高度重视全民健身，让全民健身惠及全体人民，体现了以人民为中心的根本遵循和人民至上的价值追求。因此，落实全民健身涉及的相关单位和组织，需要坚守为中国人民谋幸福、为中华民族谋复兴的初心和使命，建设好人民身边的体育场地，开展好人民身边的体育活动，举办好人民身边的体育节目，管理好人民身边的体育组织，宣传好人民身边的体育节日，弘扬好人民身边的体育精神，从而引导人民积极参与健身，提高健康水平。推进全民健身，就要根植"以人为本""为民服务"的观念，让人民群众有更多中国式现代化建设成果的获得感。

四、落实全民健身的原则

全民健身是国家整体发展的重要内容，关系到全体人民的切实利益，是实现人民健康的基础。推进全民健身，需要树立正确的健身健康理念，对全体人民进行分类引导，加快全民健身活动的广泛开展。

（一）落实全民健身，必须树立正确理念

首先，树立"运动是良医"的理念。运动是促进健康的重要非医疗手段，以群众喜闻乐见的运动推进全民健身，对提高人民身体素质和健康水平具有重要作用。随着对身心健康重要性的深入了解，人们深切感受到了体育锻炼的重要性，催生出了“互联网＋全民健身”服务的新模式，把全民健身引入了一个全新的发展时期。其次，树立健康是前提的理念。健康是事业、家庭等一切的基础。因此，必须把人民健康放在优先发展的战略地位。最后，树立大健康的理念。要深刻理解并引导全民健身从“治已病”向“治未病”转变，充分发挥全民健身促健康、筑强国、奔共富的综合功能。

（二）落实全民健身，必须实现分类引导

全民健身覆盖全部区域和全部人群的全周期和全方位，需要分类引导。就成长而言，全民健身涉及从出生到幼儿园、小学、初中、高中、大学、就业，最后到退休的不同时段，需要针对不同年龄段的实际健康特点，进行科学引导。就健身者健康水平而言，要针对健康、亚健康、疾病、受伤及特殊人群进行分类指导。就人口学特征而言，对不同性别、不同年龄阶段、不同学历程度、不同职业行业、不同家庭状况的人群需要进行分类指引。就体育赛事而言，要针对不同级别、不同项目、不同属性、不同组别等进行分类宣导。尤其重要的是，全民健身还要从孩子抓起，这既是解决不良体质的迫切需要，又是让孩子赢在起跑线，提高创新力的需要，更是实现“少年强则国强”，塑造未来担当中华民族伟大复兴“主力军”的需要。

（三）落实全民健身，必须倡导全新的健身理念

“互联网＋全民健身”服务新模式日趋火热，形成了“地”上竞技和“云”上竞技融合互补全面升级、全新服务新模式。一方面，线上引导全民健身火热来袭。全民健身线上运动会正式创办于2022年，是线上预约线下健身的全新升级。“互联网＋全民健身”是新质生产力融入体育的生动体现，利用数字技术打造多元化全民健身智慧平台，形成人机智能互联，带动更多人民群众参与全民健身，拓宽多维度全民健身空间。另一方面，线下倡导全民健身热火朝天。仅以我国全民健身日为例，据不完全统计，我国第14个“全民健身日”举办了4000多项健身赛事，覆盖全国31个省区市；第15个“全民健身日”及我国第1个“体育宣传周”期间，“村超”“村BA”“村排”等9000多项赛事更是超级火爆。

第三节　终身体育

一、终身体育的概念

终身体育通常指一个人在一生中进行身体锻炼和接受各种体育教育。终身体育的含义包括两个方面的内容：一是指人从生命开始至生命结束中，学习与参加身体锻炼，使终身有明确的目的性，使体育成为一生生活中始终不可缺少的重要内容；二是在终身体育思想的指导下，以体育的体系化、整体化为目标，为人在不同时期、不同生活领域中提供参加体育活动机会的实践过程。

二、终身体育的产生

国内外学术界对终身体育的产生大概有以下两种观点。

（一）终身体育孕育在终身教育之中

一般认为，终身体育孕育在终身教育之中，并随着终身教育的发展而发展。终身体育与终身教育的关系是部分与整体的关系。终身体育以终身教育的一个组成部分问世。它一经产生，就具有强大而旺盛的生命力，不断用新的理论和科学事实来丰富和完善自己，逐步形成一个完整而独立的体系。

保尔・朗格朗是法国当代著名的成人教育家，是终身教育理论的积极倡导者。1965 年，朗格朗在提交联合国教科文组织召开的“第三届促进成人教育国际委员会”会议的议案中，首次提出了终身教育的理念，并引起了与会者的极大反响。在此基础上，朗格朗于 1970 年写成并出版了《终身教育引论》。朗格朗认为，教育和训练的过程并不随学校学习的结束而结束，而是应该贯穿生命的全过程。这是使每个人在个性的各个方面最充分地利用其禀赋和能力的必不可少的条件。他把教育看作贯穿人的整个一生与人的发展各个阶段的持续不断的过程。

朗格朗在《终身教育引论》中提到，体育运动应在终身教育中占有应有的地位。对于这一点，人们可以从双重意义上来理解。首先，人们必须抛弃“体育运动训练只能在一生中一个短暂的时期内进行”的观点。如果将学校体育看成无足轻重的事，不重视学校体育，那么学生进入成年阶段后，体育活动就不存在了。如果把体育只看成在学校这一阶段的事，那么体育在教育中就变成了插曲。其次，人们要把体育运动和整体的终身教育结合起来，把它与智力的、道德的、艺术的、社交的和公民的活动紧密地结合起来。

（二）终身体育产生于人们追求健康长寿、提高生活质量的主体需要

我国教育学博士陈琦认为，终身体育产生的深层次原因在于社会经济的发展和人们生活观念的更新。终身体育概念的提出，反映出这样一种内在逻辑关系：现代社会“文明病”的危害，闲暇时间的增多，生活水平的逐渐提高，大众媒介对体育的宣传与推广，科学知识的普及，使人们有越来越多的机会参加各种体育活动。人们开始不只是满足于学校体育生活，而更需要终身体育。

随着生活水平的不断提高，人们对体育的需求日益高涨。体育将走向社会化、大众化、生活化，成为人类生活的重要内容和组成部分。人们不再只是简单地追求物质享受，而是把健康快乐生活作为一生追求的目标。由此可见，终身体育是现代社会发展到一定阶段的产物。终身体育的形成，与现代社会发展对体育的需求，以及人们对健康长寿的追求和对提高生活质量的要求等有着千丝万缕的关系。

1975 年公布的欧洲大众体育宪章和 1978 年联合国教科文组织公布的国际体育运动宪章都明确规定：参加体育运动是每个人的基本权利。体育运动是教育和文化不可缺少的因素，对于保持和增进健康、建立良好的社会关系具有重要作用。每个国家都必须保证每个社会成员在自己的生涯中持续地进行身体活动。终身体育成为国际社会发展大众体育的重要理念。在现代社会中，体育终身化是一个不可逆转的趋势。终身体育的产生和发展标志着社会的发展与进步，也说明社会的发展需要终身体育。

终身体育作为一种指导思想被提出，迫切需要体育理论工作者对其进行深入思考、探索和研究。同时，全民健身在终身体育中的现实地位和历史使命要求人们必须进一步加强全民健身事业理论和实践研究，厘清全民健身发展思路、明确全民健身发展路径、创新全民健身发展机制、改进全民健身发展措施。

第四节　科学健身

一、科学健身的概念

科学健身又称科学锻炼、科学运动等，是指在科学理论（包括运动人体科学、生物学、医学、心理学和运动处方）的指导下，根据自身健康情况进行的能够提高自身生理机能和素质，增进健康的身体活动。

二、科学健身的五项基本原则

科学健身原则即是根据科学规律制定的指导健身的法则和标准。它是科学实施健身方法，合理安排健身活动，提高健身效果，避免安全事故所遵循的基本规律。科学健身原则一般应包括以下。

（一）循序渐进原则

健身活动中的循序渐进原则是指健身者在学习健身技能和方法时，要由易到难，由简到繁；在安排运动量时，要由小到大，由弱到强，逐渐增加。在健身时，健身者要根据身体适应情况，逐渐加大运动量，从简单的锻炼方法开始，逐步过渡。以跑步健身为例，健身者应先做运动强度不大的走步，待机体适应后，再进行有一定强度的慢跑，以后逐渐增加跑步速度和距离，以身体适应为标准。同时，要有长远打算，充分认识到健身本身就是个循序渐进的过程，只有坚持健身，才能取得理想效果。

（二）全面发展原则

对多数健身者来讲，健身不是单纯发展某一项运动能力或身体某一器官的生理机能，而是通过健身使整体机能全面、协调发展。所以，在健身时，健身者要注意健身活动内容的多样性，使身体机能全面提高。例如，青年人在进行力量练习时，若只注重右臂力量发展，天长日久，就会出现右臂粗左臂细，甚至脊柱侧弯现象，以至于身体畸形发展；老年人如果只注重运动系统机能的提高，忽视心脏功能发展，就会造成运动系统机能和心肺功能的不协调，很容易因心脏不适应运动系统的活动而出现意外事故。

（三）区别对待原则

在健身时，健身者一定要根据自身特点及所要达到的目的选择适宜的健身项目。一般情况下，男子可进行一些体现阳刚之气的健身项目，而女子可练习操、舞类等柔韧性健身项目；老年人可进行一些活动量相对平稳的慢跑、太极拳等项目，而年轻人可参加对抗性较强，活动相对剧烈的球类等项目；康复健身者可选择活动量不大对身体机能恢复有好处的项目，而特殊慢性疾病的人应在医生指导下，选择辅助康复的健身项目；肥胖者可选择以消耗体内多余脂肪，使身体健美、苗条的项目，而消瘦者可选择增强肌肉力量和促进消化吸收功能的运动。

（四）经常性原则

健身要经常化，不能“三天打鱼两天晒网”，健身者只有持之以恒，才会有效果。虽然短时间的健身也能对机体产生一定影响，但停止锻炼后，这种良好影响很快就会消失。所以，健身者一旦开始健身，就应该坚持下去。在健身过程中，健身者可以根据实际情况更换锻炼项目，但锻炼不能停。

（五）安全性原则

安全性原则是指健身者在固定的时间范围内进行身体各部位、各器官的医学检查，根据结果开出不同的运动处方，以保证人体生理功能的不断提高。安全性原则是随着社会的高度发展而形成的。就目前来看，安全性原则的必要性显得特别重要。高度发达的现代医学，使健身能够用最简便的医疗仪器测出人体各功能的指标，再根据不同的年龄、不同的运动项目以及不同的锻炼阶段，选择、制订适合自己的运动处方，做到自我监控、量力而行。

第五节 体医融合

一、体医融合理念的形成脉络

2014年，《国务院关于加快发展体育产业促进体育消费的若干意见》明确提出，促进体育产业与其他产业相互融合以及积极拓展业态，促进康体结合，鼓励交互融通等促进融合发展的任务要求。

人的全面发展需要身体健康作为基础。国民健康长寿，是经济社会发展的基础条件，是国家富强、民族振兴的核心内涵，也是全国各族人民的共同期盼。党和国家历来高度重视国民身体健康，在健康领域大力推进改革取得了显著的发展成就。但同时，由于工业化、城镇化、人口老龄化、生态环境及生活方式等变化，促进健康工作仍面临严峻挑战。因此，增强国民身体健康刻不容缓，基于此，2016 年中共中央、国务院发布了《规划纲要》。体育作为建设“健康中国”的重要组成部分，在《规划纲要》的不同篇章段落中多有涉及。

作为提高全民身体素质的重要手段，“体医融合”相关问题在《规划纲要》中被单列，呈现在其第六章第三节。至此，经过多年实践探索后，“体医融合”终于以国家政策形式得以明确呈现和部署。

《规划纲要》明确提出，要推进“体医融合”，强化非医疗健康手段干预，制定健身运动指南，健全运动处方库，完善“体医融合”的疾病管理与健康服务模式，加强国民身体健康，从而指导国民科学防治疾病，缓解症状。

近年来，体育已被广泛认为是改善人们身体素质的一种手段，公众对体育的热情从未像现在这样高。然而，运动伤害时有发生。针对这样的困难和挑战，我国现有医疗系统无法解决，需要运用其他手段共同努力才能加以改善。体育和医学治疗相结合的主要内容是通过非医疗保健干预措施、康复医生或其他专业人员来预防人们健康状况不佳，指导人们科学健康地运动，最终实现治愈疾病或良好的健康管理。故而，针对不容乐观的国民健康状况，非医疗卫生干预措施将起到越来越重要的作用，会更进一步促进“健康中国”建设快速、平稳发展。

2016 年，我国开始实施“健康中国”战略，国家越来越重视国民健康“体医融合”在其中承担着十分关键的责任。“健康中国”不是一个口号，而是“体医融合”的重要政策之一。“体医融合”是“健康中国”实施的重要途径

二、体医融合的特征

从健康中国战略的层面来看，体医融合有两个特征，即体中有医、医中有体。

（一）体中有医

竞技体育具有竞赛对抗性特征。优异运动成绩的取得，不仅需要体

育科研的支撑，也需要医疗系统对运动员提供运动损伤、急救的医学处方。学校体育是提升全民体质的根基。教育者运用运动生理学、运动生物化学等学科为学生提供科学、合理的锻炼强度建议，可以避免学生受伤，提升锻炼效果。

群众体育是实现全民健身中最不易解决的部分。相关机构通过运用医学干预手段对公众实施科学指导、体质监测及医务监督，能够促进公众积极科学健身。

（二）医中有体

治病不如防病。预防疾病单靠运用医学手段是无法完成的。医疗系统将适量的体育锻炼与运动处方辅之以医学手段，可以促进人们更好地预防疾病。

当今慢性疾病横生。运用体育运动训练方法（如间歇训练、循环训练等）进行运动干预，效果远好于药物治疗。

医疗康复是让人的体能从负值到零值。体育运动能够让人的体能从零值到正值，甚至更高。将运动康复运用到医疗中，不仅能促进疾病康复，还能降低癌症死亡率。

第三章　体育健康服务高质量供给的矛盾研判

第一节　政策法规滞后：制度环境对供给的制约

一、体育健康服务政策法规滞后性的具体表现

（一）机制不健全

政府对体育健康服务市场的监管力度不足，存在监管空白和漏洞，使得一些违法违规行为得不到及时查处。而监管机制的滞后性导致市场秩序混乱，直接影响了体育健康服务行业的健康发展。

1. 监管体系不完善

政府在监管体育健康服务市场时，可能面临着监管体系不完善的问题。这包括但不限于缺乏明确的监管法规、标准以及有效的执行机制。由于相关法规和标准的不健全，监管部门在应对违法违规行为时可能缺乏明确的法律依据，导致处罚不力或无法有效追责。同时，若执行机制不到位，即使有法可依，也可能因执行力度不够而无法对违法行为形成有效震慑。

2. 监管资源有限

政府在监管体育健康服务市场时，可能受到监管资源有限的影响。这包括人力、物力和财力等方面的限制。由于资源的有限性，政府可能难以全面覆盖所有市场领域和环节，从而导致部分地区成为监管盲区。此外，随着市场的快速发展，若监管人员培训跟不上、设备更新滞后，也可能影响监管效果。

3. 信息不对称问题

政府在监管过程中还面临着信息不对称的问题。具体而言，政府部门可能难以获取全部的市场信息，尤其是关于新兴业态和隐蔽性较强的违法行为的信息。这种信息不对称可能导致政府在应对违法违规行为时

反应迟钝或决策失误。同时，部分市场主体可能利用这一信息进行不正当的竞争或逃避监管。

4. 跨部门协同不足

体育健康服务市场的监管往往涉及多个部门，如体育、卫生、工商等部门。如果各部门之间缺乏有效的沟通和协作，就可能导致监管空白和漏洞的出现。例如，在某些交叉领域的监管问题上，可能存在职责不清、推诿扯皮的现象，从而影响了监管效率和效果。

（二）政策支持不足

政府在财政补贴、税收减免等方面的政策支持力度不够，使体育健康服务企业在资金、技术等方面面临困难。

1. 财政补贴力度不足

当前，政府对体育健康服务企业的财政补贴可能主要集中在某些特定领域或大型企业，而众多中小型体育健康服务企业可能难以获得足够的补贴支持。另外，政府在制定财政补贴政策时，可能缺乏明确、具体的补贴标准和条件，使体育健康服务企业在申请补贴时面临诸多不确定性。这种不确定性可能导致体育健康服务企业错失补贴机会，进一步加剧资金压力。

2. 税收减免政策不完善

当前，税收减免政策主要局限于竞技体育业、体育彩票业和体育教育业等传统领域，而对于体育健康服务产业则缺乏相应的税收优惠政策。这使得部分体育健康服务企业难以享受到税收减免带来的实惠。即使某些体育健康服务企业能够享受到税收减免政策，但减免力度可能仍然不足以抵消其高昂的运营成本，导致企业在税收方面仍然面临较大的压力。

3. 资金和技术双重困境

由于财政补贴和税收减免政策的支持力度不够，导致体育健康服务企业经常面临资金短缺问题。这可能导致企业无法及时更新设备、引进先进技术或扩大生产规模，从而影响其市场竞争力。资金短缺还可能导致体育健康服务企业在技术研发和创新方面投入不足，进而陷入技术瓶颈，从而在提供体育健康服务时难以达到高质量、高效率的标准，进一步影响其市场地位和声誉。

二、体育健康服务政策法规滞后性对体育健康服务高质量供给的制约

（一）影响服务质量

体育健康服务政策法规的滞后性导致体育健康服务质量标准不明确，体育健康服务企业难以提供符合市场需求的高质量服务。此外，由于缺乏有效的监管机制，一些体育健康服务企业易出现服务质量低劣、虚假宣传等问题，从而损害了消费者的利益。

（二）阻碍创新和发展

政策法规的滞后性限制了体育健康服务行业的创新和发展，使得一些新兴的服务项目和模式无法得到及时推广和应用。政策支持不足导致企业在技术研发、市场拓展等方面缺乏动力和资源。

（三）影响市场秩序

政策法规的滞后性导致市场秩序混乱，存在不正当竞争、恶意竞争等问题。这些问题不仅损害了消费者的利益，也影响了体育健康服务行业的整体形象和声誉。

第二节　供需结构失衡：需求多元化与供给单一性

一、体育健康服务难以满足大众的健身与锻炼需求

（一）体育健康服务难以满足大众的个性化训练需求

随着社会经济的发展和人们生活质量的不断提高以及健康意识的日益增强，越来越多的人开始追求个性化定制的训练计划。他们希望通过这样的方式来满足自己独特的健身需求和实现个人的健康目标。这种趋势反映了人们对健康生活方式的重视，以及对个性化服务和产品需求的增长。人们不再满足于传统的“一刀切”的健身方案，而是希望通过科学的、量身打造的训练计划，来达到更高效、更安全、更符合自身条件的锻炼效果。来看一项数据：2024 年 8 月，中国青年报社社会调查中心联合问卷网，对 2000 名受访者进行的一项调查显示，75.0％的受访者感到周围开始健身的人多起来了，86.1％的受访者觉得学习科学的健身知识很重要，68.5％的

受访者认为要制订科学合理的健身计划，逐步增加运动强度。

当前，我国一些体育健康服务提供者提供的服务往往过于标准化，缺乏针对个体的细致分析和个性化调整，导致服务内容难以满足每个人的具体需求。之所以出现这个问题，主要有以下几个方面的原因。

其一，标准化服务模式的局限性。一些体育健康服务提供者采用标准化的服务模式。这虽然能够确保服务的一致性和可预测性，但往往忽视了不同个体的差异性。每个人的身体状况、运动习惯和训练目标都不同，标准化的服务模式很难满足每个人的个性化需求。

其二，缺乏个性化的运动方案。一些体育健康服务提供者未能提供个性化的运动方案，而是采用“一刀切”的训练计划。这样的计划往往缺乏针对性和灵活性，无法满足不同人群的需求。例如，对于健身初学者和高级运动员，他们的训练需求和强度应该是不同的，但一些服务提供者却未能做出适当的区分。

其三，数据分析不足。在体育健康服务中，数据收集和分析对于制订个性化训练计划至关重要。然而，一些服务提供者缺乏先进的数据分析技术，无法准确评估个体的身体状况和运动表现。这导致他们无法根据个体的实际情况制订合适的训练计划，也无法及时调整训练策略以应对个体的变化。

（二）体育健康服务难以满足大众的团体健身课程需求

现代生活节奏加快，工作压力增大，人们更加需要一种能够放松身心、增强体质的活动方式。团体健身课程不仅提供了锻炼的机会，还为人们提供了一个社交的平台，有助于缓解压力、增进友谊，受到了广大民众的青睐。在我国，当前学习团体健身课程的人群主要为女性健身者。

来看一组数据：国家体育总局发布的《2023 中国健身行业数据报告》显示，女性健身消费者占比达 55.41%，成为健身消费市场的主要力量之一。现阶段女性运动场景更加丰富，除了跑步、游泳等传统运动外，她们也会选择瑜伽、健身、普拉提等轻量级的运动方式，保持健康的生活状态。还有越来越多女性参与羽毛球、飞盘、徒步、骑行等团体运动项目，在运动的同时满足社交需求。

关于女性健身者，再来看一组数据：据乐刻健身发布的《2023 当代女性健身洞察报告》显示，2023 年，乐刻全国活跃女性用户数量较 2022 年增长了 29%。值得注意的是，在该数据中，乐刻的私教用户中有超六成是女性，这一占比正在以每年 1 个百分点的速度增长。女性私教用户中“95 后”和“00 后”的占比超过 50%，“80 后”“70 后”“60 后”女性用户各自的私教占比也在以每年1个百分点的速度增长。

再来看一组数据：由上海体育大学经济管理学院、三体云动和万博宣伟联合制作的《2023中国健身行业数据报告》显示，女性仍是健身消费市场的主力军。调研结果显示，女性健身消费者占比达55.41%。而此前，由中国体育用品业联合会发布的《2021年大众健身行为与消费研究报告》也佐证了这一点，当年大众健身年平均总消费为5670元，其中女性体育消费的平均总消费达到6362元，在购买健身卡及私教课程等方面显著高于男性。

当前，一些体育健康服务提供者提供的团体健身课程往往过于标准化，缺乏针对健身者的细致分析和个性化调整。例如，当前女性健身者的需求多样化，不仅包括塑形、减脂、增肌等传统健身目标，还包括改善体态、提升柔韧性、增强平衡能力等特殊需求。面向女性健身者的标准化的团体健身课程难以覆盖女性健身者多样化的需求，导致部分女性健身者难以获得满意的健身体验。

（三）体育健康服务难以满足大众的运动场地与设施需求

运动场地与设施是民众进行体育锻炼的基础设施。当前，民众对运动场地和设施的需求呈现出多样化的特点。与此同时，随着城市化进程的加快，民众对运动场地和设施的便捷性要求越来越高，他们希望能够在居住地附近找到合适的运动场所，以便随时进行锻炼。

近年来，国家体育总局出台了一系列政策和标准，推进体育公园、全民健身中心、健身步道、社会足球场、群众滑冰场、社会化健身设施等建设工作。“十四五”期间，国家体育总局会同有关部门安排资金23亿元，支持地方建设了1.7万个群众健身项目。持续引导支持公共体育场馆免费或低收费向社会开放。截至2023年年底，我国人均场地面积达2.89平方米，全国健身步道长度达37.1万公里，群众参加体育锻炼更加方便。国家体育总局还制定公共体育场馆基本公共服务规范、免费或低收费开放服务评价指引等配套政策文件，就场馆开放、服务内容等提出一系列细化量化的要求，明确场馆低收费价格方面一般不高于当地市场价格的70%，对老年人、残疾人、学生、军人、消防救援人员和公益性的群众体育赛事活动提供更优惠的服务，要求收费标准一般不超过市场价格的50%等要求。根据官方数据统计，“十四五”以来，国家体育总局每年安排10亿元左右资金支持公共体育场馆向社会免费或低收费开放，补助的场馆由原来的每年1000多个增加到现在的3000多个。据统计，2024年共有符合条件的3050个公共体育场馆向社会免费或低收费开放，这些场馆覆盖到全国近1600个县级行政区域，场馆核心区免费或低收费开放的场地面积超过了2500万平方米，受益人次预计将超过5亿人。

但是，当前我国运动场地与设施依然未能满足大众需求。来看一组数据：2024年8月，中国青年报社社会调查中心联合问卷网对1000名受访者进行的“全民健身日”专题调查显示，64.7%的受访者期待建设更多群众身边的场地设施。调查还显示，50.6%的受访者希望建设全龄友好的健身设施，从小培养未成年人的运动热情；49.4%的受访者呼吁重视完善老旧城区、偏远地区场地设施建设。

北京体育大学教授米靖认为，当下公共体育设施配置水平城乡差距明显，城镇多而乡村少。“受政策倾斜与资金投入等因素制约，公共体育设施在乡村地区往往室外较多，室内场地较少。”另外，由于区域经济发展程度不同，各地体育场地资源相差较大，东部地区明显多于中西部地区。即便在同一个城市，不同区域也存在较大差别。

目前，我国体育场地资源类型结构不甚合理。2023年体育场地数量名列前3位的分别是篮球场、全民健身路径、乒乓球场地，均达100万个以上，占体育场地总数的70%。而近年来群众参与意愿较强的游泳、网球、冰雪运动等场地设施，数量仍明显偏少。除去乒乓球、羽毛球和“三大球”，其他球类场地比例甚至不足球类场地的5%。

共享不充分、部分场地设施对外开放不足，也是当前健身场地资源的一大短板。相关数据显示，目前我国公共体育设施分布呈现出“教育系统和政府事业单位多，居民区少”的特点。事业单位、机关、企业的体育场地面积约占总量的60%以上。而这些场所的体育设施对社会的开放程度，与群众要求显然存在差距。

二、体育健康服务难以满足大众的健康管理与咨询需求

（一）体育健康服务难以满足大众的体质监测需求

体质监测是通过相应的形态、机能、素质测试，如站、握、吹、坐、跳、撑、推等方式，对测试者的力量、柔韧、平衡、灵敏等身体素质进行了解，反映了人体最基本的体质状况，从而预防疾病发生。国民体质监测是全民健身领域的一项重要工作，也是体育法中的明确要求，是党中央“以人民为中心”发展理念的重要体现。国民体质监测可以反映出受试者的人体形态结构、生理机能和身体素质的综合特征，让受试者更加了解自己的身体情况，更有针对性地进行运动锻炼。

2023年，国民体质监测工作开启了“常态化”步伐。2024年，国家体育总局在31个省（区、市）展开常态化国民体质监测工作，借常态化国民

体质监测的开展，完善监测服务网络。与往年相比，2024 年的测试涵盖人群从 20～69 岁扩大到了 20～79 岁，身体形态检测中增加了腰臀围和体脂率，身体素质检测增加了功率自行车、纵跳、1 分钟仰卧起坐、跪卧撑等测试。2025 年，国家将开展第六次国民体质监测工作，按照新颁布的《国民体质测定标准（2023 年版）》执行，新标准在测试人群、项目、设备等方面均与现行的版本有显著变化。

当前，国民体育健康服务在某些方面可能难以完全满足大众的体质监测需求。这主要体现在以下几个方面。

其一，服务覆盖面有限。尽管许多城市和社区都提供体育健康服务，但这些服务往往集中在特定的区域或机构内，对于偏远地区或资源匮乏地区的人群来说，难以享受到高质量的体质监测服务。此外，部分服务可能仅针对特定年龄段或特定群体（如学生、运动员等），导致其他人群（如老年人、残疾人等）的体质监测需求无法得到充分满足。

其二，服务内容单一。现有的体育健康服务往往侧重于身体运动能力的评估和训练，而对于体质的全面监测（如身体成分、心肺功能、肌肉力量、柔韧性、平衡性等）可能不够全面。部分服务可能缺乏个性化的监测和干预方案，无法根据每个人的体质特点和需求提供定制化的服务。

其三，技术水平和设备限制。部分体育健康服务机构可能面临技术和设备方面的限制，导致体质监测的准确性和效率受到影响。例如，一些机构可能缺乏先进的体质监测设备或技术，导致监测结果不够准确或可靠。

其四，服务成本和费用。体质监测服务可能涉及一定的费用，包括设备购置、人员培训、场地租赁等。对于经济条件有限的人群来说，这些费用问题可能构成一定的负担。此外，部分服务可能采取会员制或按次收费的方式，导致部分人群因费用问题而难以持续享受服务。

（二）体育健康服务难以满足大众的营养咨询需求

改革开放 40 多年来，随着我国社会经济快速发展，人均可支配收入增加了 130 倍，居民食品消费结构也发生了显著变化，首先是食品产量、供给数量显著增长；其次是主粮消费减少，肉、禽、蛋、奶等食品类别消费量快速增长，食物消费种类多样化，打破了以谷类为能量来源主体的传统膳食模式；居民的营养摄入大幅改善，膳食蛋白质、脂肪含量和质量提升，能量供给充足，从吃饱到吃好，营养不足已不再是国民健康的主要问题。

中国农业科学院发布的《2023 年中国食物与营养发展报告》显示，2022 年，我国居民人均每日能量供给量为 4871 千卡，近 5 年增长了 3.9%。与其他国家相比，我国人均能量供给量仍低于大部分欧美发达国家，高于印度、南非等发展中国家。我国人均每日蛋白质供给量为124.6克每天。总体来看，我国居民能量、蛋白质及脂肪供给总体超过世界平均水平。

但食物供给的丰富、营养摄入的增加并不意味着居民健康水平更高。近年来，在食物供给丰富的背景下，中国居民在膳食营养结构上暴露出不合理问题，主要体现在以下几个方面。

其一，谷物摄入量偏多，主粮精细化过度。根据2022年人均食品消费数据，谷物是所有省份实际消费量唯一超过《中国居民膳食指南（2022）》推荐最低标准的食品种类，并且多数省份存在粮谷类食物摄入量偏多的情况。另外，主食精细化导致国民膳食纤维及B族维生素摄入不足也成为居民营养挑战之一。

其二，除少数省份外，水果蔬菜的消费量均存在摄入不足的挑战。其中，西藏地区偏差最严重，水果消费量仅达到最低推荐标准的16.85%。果蔬摄入不足也会影响居民微量营养素的摄入，居民的“隐性饥饿问题”仍然存在。

其三，相比于推荐量，乳制品的实际消费量整体偏低，所有省份均未达到膳食推荐标准。

其四，脂肪摄入超标。从科学膳食供能的角度，健康饮食的脂肪供能比上限为30%，而《中国居民营养与慢性病状况报告（2020年》）显示，居民每标准人膳食脂肪供能比为34.6%，而从人数来看，脂肪供能比超过30%的人数比例为63.6%。

其五，钠摄入超标。目前，中国居民每日人均烹调盐摄入量达9.3克，是世界卫生组织和《中国居民膳食指南》推荐摄入量（每日不超过5克）的近两倍。

营养咨询是一对一的交流和互动，营养师通过咨询了解患者的全面信息，作出准确判断，给出具体的建议或指导。合理的饮食搭配是体育锻炼的重要组成部分。广大民众需要专业的营养咨询来确保摄入足够的营养。当前，我国体育健康服务在满足大众的营养咨询需求方面存在一定的挑战和局限性。

其一，专业知识不足。部分体育健康服务人员可能缺乏营养学方面的专业知识，难以为大众提供准确、科学的营养咨询。

其二，服务内容有限。当前的体育健康服务往往侧重于体育锻炼和健身指导，而针对营养咨询的服务内容相对较少。即使提供营养咨询，也可能仅限于一般的饮食建议，缺乏针对个体需求的个性化指导。

其三，服务方式单一。传统的体育健康服务往往采取面对面的咨询方式，这在时间和空间上限制了服务的可达性。随着互联网技术的发展，虽然线上营养咨询逐渐兴起，但部分体育健康服务机构在技术应用方面仍显滞后。

（三）体育健康服务难以满足大众的运动伤害预防与康复需求

在运动过程中，受伤是难免的。因此，民众需要了解如何预防运动伤害，并在受伤后进行科学的康复。

虽然运动的好处多，但如果没有掌握科学的方法也容易造成损伤。来看一组数据：《2023—2024年版中国运动康复产业白皮书》显示，全国约4.3亿人有长期运动习惯。其中，约1亿人是运动损伤人群。从该数据可以看出，运动损伤已经成为日常锻炼中不可忽视的问题。

再来看一组数据：《全民健身计划（2021—2025年）》指出，预计到2025年，经常参加体育锻炼人数比例将达38.5％。而当前运动损伤的发病率占10％～20％，预计约有1亿人需要运动损伤和疾病方面的康复治疗。

做康复训练不仅可以缓解平时的腰酸腿疼和运动中出现的肌肉关节不适，也能帮助他们形成健康的运动习惯和良好体态。运动康复既包含运动损伤修复、运动体能保障等，也包括通过运动锻炼的方式来改善身体机能、缓解疼痛症状，帮助人们科学健身，提高健康水平和生活质量。据业内人士介绍，运动康复的训练者主要以运动轻损伤和非运动群体为主，随着大众运动和健康意识的不断增强，运动康复正逐步走向“刚需”状态。

目前，国家已发布《关于加快推进康复医疗工作发展的意见》等政策文件，明确提出加强康复医疗服务体系建设，在顶层设计层面为运动康复产业发展提供了有力的政策指导与支持。但是，当前我国体育健康服务在满足大众的运动伤害预防与康复需求方面依然存在一定的挑战和不足。

其一，预防措施单一。当前的体育健康服务往往侧重于运动指导和健身建议，而针对运动伤害预防的措施相对单一。即使提供预防措施，也可能仅限于一般的热身、拉伸等建议，缺乏针对个体需求的个性化指导。

其二，缺乏科学评估。在运动伤害预防方面，缺乏科学的评估方法和工具来评估个体的运动风险。例如，没有针对个体的运动史、家族史、生活习惯等因素进行综合考虑，以制定个性化的预防措施。

其三，专业知识普及不足。部分体育健康服务人员可能缺乏运动伤害预防方面的专业知识，难以为大众提供准确、科学的指导。同时，公众对于运动伤害预防的认知度也相对较低，缺乏必要的自我保护意识。

其四，康复服务不完善。当前的体育健康服务在运动伤害康复方面往往缺乏完善的服务体系。部分机构可能只提供简单的康复训练或物理治疗服务，而缺乏全面的康复计划和个性化的康复指导。

其五，康复资源有限。在一些地区或机构中，康复资源相对有限，无法满足大众对运动伤害康复的需求。例如，专业的康复医生、物理治疗师等人才短缺，导致康复服务质量参差不齐。

第三节　资源分配不均：城乡差异分析

一、城乡体育设施资源分配不均

体育设施资源是体育事业发展的重要物质基础，涵盖各种用于体育比赛、训练、教学以及群众健身活动的场地、场馆、建筑物和固定设施等。常规体育场地设施包括操场、跑道、篮球场、足球场、排球场、网球场、乒乓球场等。这些场地是进行各类体育活动的基础。器材设施有篮球架、足球门、单杠、双杠、天梯、滑梯、爬杆、乒乓球台、篮球、排球、足球、乒乓球拍、乒乓球、垒球、实心球、体操垫、体操棒、跨栏架等。这些器材是辅助体育活动进行的重要工具。

（一）城市体育设施完善

在城市中，各类体育设施（如体育馆、健身房、运动场等）一应俱全，且设施先进、功能完善。这些设施不仅满足了城市居民的日常锻炼需求，还为各类体育赛事和活动提供了良好的场地。以下是长沙和青岛两个城市的体育设施建设情况。

在湖南省长沙市，独立占地的有湖南省体育场、湖南省网球运动管理中心和游泳运动管理中心、长沙贺龙体育中心等省（市）级体育设施，芙蓉区文体中心、雷锋体育中心、乐运谷山体育馆、映霞路健身场等区（县）级体育设施，以及长农体育场、铁路体育馆等街道级体育设施。近年来，长沙市通过健全完善规划体系，围绕优化体育设施配置规模和用地布局，加强总体规划—专项规划—详细规划的传导衔接，推动体育设施与空间规划深度融合，切实增强体育设施的规划合理性和落地性。以全覆盖、高品质、均等化为原则，综合考虑新老城区发展差异，保证体育设施布局的均衡性和可达性，充分满足居民的健身需求。2024 年 6 月，长沙市印发全民健身场地设施提升行动实施方案，计划到 2025 年年底，人均体育场地面积达到 3.52 平方米，高于全国平均水平。同时，为全面推动体育事业高质量发展和长株潭体育一体化建设，进一步扩大全民健身场地设施供给，长沙正加快推进长沙奥体中心，省体育职院、训练基地项目，大泽湖体育馆（长沙大舞台）等省（市）级大型体育设施规划建设。

2021年，青岛市启动了“公园城市”建设工作，出台了《青岛市公园城市建设规划（2021—2035年）》。在城区土地资源稀缺，老城区“健身去哪儿”难以破题的大背景下，当地体育部门充分发挥“体育＋”“＋体育”优势，主动融入、做好协同、顺势而为，结合同年国家发展和改革委员会、国家体育总局等七部门联合印发的《关于推进体育公园建设的指导意见》，将全民健身场地设施建设纳入城市更新和城市建设，纳入山头公园整治和公园城市建设的总体规划布局，不但为广场、公园注入了新活力与新动能，也拓展了新的健身场地空间和场景，推动“大群体”理念在基层落地生根、开花结果。在体育公园规划建设过程中，青岛逐渐形成了“广场＋体育”“公园＋体育”的模式——结合当地城区人口密度大、可利用空间少、市民健身需求旺盛实际，利用城市广场、公园、公共绿地等建设全民健身体育公园等综合中小型开放场地，并将体育公园内各类设备等与公园环境充分融合，创新全民健身场地设施建设思路，升级以健身路径为主的传统全民健身场地，实现“1＋1＞2”的效果。位于青岛市崂山区的深圳路体育公园就是“公园＋体育”的典型，该公园位于辽阳东路以南，绿树成荫，步道、座椅、健身设施等一应俱全。项目一期已于2013年建成，配备了网球场、篮球场、羽毛球场、五人制大小足球场等体育运动场所。2023年，为了更好地拓宽居民的运动休闲空间，将一期项目东侧和西侧两处空置地块纳入二期提升工程范围。建成后的深圳路体育公园北侧紧邻辽阳东路立交桥，西侧为汽车东站，西南侧有公交车站及地铁2号线，居民不仅出行健身更加便捷，场地内还增设了观景栈道、综合儿童娱乐场地、足球、羽毛球等运动场地，新增绿色健身空间超过1.2万平方米，成为一处可运动、可休闲、可游憩、功能较为完善的时尚运动主题公园。近年来，青岛市分别建设或改扩建了10个符合国家标准的4万平方米以上大型的体育公园，担负的“十四五”国家标准体育公园建设任务完成率143%，利用城市“金角银边”打造了中小型体育公园、口袋运动公园100余处，制订场地设施三年攻坚行动方案，建成城市社区“8分钟健身圈”，实现农村健身工程全覆盖。

（二）农村体育设施匮乏

和城市相比，我国农村体育基础设施供给仍然存在结构性矛盾，主要表现为总量不足、质量不均、供给区域要素不协调。

首先，农村地区的体育基础设施数量远不能满足居民的需求。由于财政投入有限，加之对体育基础设施的重视程度不够，许多村庄甚至没有基本的健身场所和设备。与城市相比，农村体育基础设施的覆盖率明显偏低，许多地方仅有零散的简易设备，难以满足多样化的健身需求。

其次，农村体育基础设施的质量存在显著差异，有些设施由于长期缺乏维护，已经破损或无法正常使用。施工标准和材质选择不统一，导致一些设施使用寿命短，安全隐患较多。尤其在偏远地区，基础设施的质量问题尤为突出。

最后，农村体育基础设施的布局不合理，一些资源较集中的村庄设施相对完善，而偏远地区则几乎没有配套的体育设施。区域间的发展不平衡问题突出，经济较发达地区的体育设施相对齐全，而经济欠发达地区则常常被忽视。

以上问题反映了公共服务供给与需求之间的脱节，以及政策执行与监督机制的不足。这一现象的出现，既涉及政策制定者的决策能力，也关系到公共资源的管理效率，更体现了农村社会治理中的问题。

一是缺乏长效管护机制。及时维护与更新体育基础设施是确保农村公共体育服务可持续发展的关键。从目前情况来看，农村体育场地设施的管理存在诸多漏洞。在大多数农村地区，专业的体育场地设施管理人员尚属稀缺，其日常运维往往依赖于乡镇文化站统筹兼顾，或是由乡镇及村委会共同承担管理职责。然而，这些管理人员大多在乡镇办公室工作，仅定期到辖区视察，且基层工作人员数量较少加之相关经费保障不足，导致篮球场常被农民用来晒粮食，乒乓球台和单双杠则被当作晾晒被子的工具。此外，部分村民的公益道德意识较差，对公共设施缺乏爱护，加之无人管理，造成体育场地设施损坏率较高。

二是农村体育基础设施建设缺乏科学规划。科学规划是农村体育基础设施高效利用和可持续发展的基石。农村体育基础设施的建设需要充分考虑当地的实际需求和条件，然而在实际操作中，往往缺乏科学合理的规划。一方面，部分农村地区在建设体育基础设施时，没有进行充分的市场调研和需求分析，导致建设的体育基础设施与村民的实际需求不符，使用率低下。例如，某些村庄可能更需要适合老年人和儿童的健身设施，但实际建设的却是标准化的篮球场，这与村民的实际需求不符，导致设施使用率低下，资源浪费严重。另一方面，由于缺乏专业知识和经验，一些体育基础设施的设计和选址不合理，例如，将篮球场建在交通不便或者距离居民区较远的地方，使得村民使用起来极为不便，最终导致设施被闲置。同时，选址时未考虑自然环境和气候条件，导致一些设施在恶劣天气下无法正常使用。例如，将健身器材安置在没有遮蔽的露天区域，导致设施在雨季和炎热的夏季时无法使用，损坏速度加快。

三是农村居民体育意识薄弱。农村居民体育意识是农村体育基础设施利用率和可持续发展的重要基础。农村体育基础设施的建设和运营需要村民的广泛参与和支持，然而在一些农村地区，由于受长期的文化传统和生活习惯的影响，村民对体育活动的重视程度不高，体育意识较为薄弱。比如，在许多农村地区，传统的劳动和生活方式占据了大部分时间，村民习惯于从事农业生产和家庭事务，认为体育活动是次要的。这种传统观念导致许多人不愿意花费时间和精力参与体育锻炼，认为体育活动是年轻人的专利，与自己无关。体育知识的普及和教育在农村地区相对滞后，村民缺乏科学的锻炼指导和方法。不知道如何使用设施进行有效的锻炼，也不知道哪些运动适合自己，导致对体育活动的参与度不高。在一些村庄，缺乏体育活动的组织和推广，社区氛围不浓厚。没有定期的体育比赛、活动或健身班，导致体育设施无人问津。缺乏活动的带动，村民难以形成锻炼的习惯和兴趣。这使得即使有了完善的体育设施，也难以吸引村民积极参与，导致设施使用率不高，甚至被闲置。

二、城乡体育健康服务人才资源分配不均

体育健康服务人才是指在体育、健康、医疗或相关领域接受过专业教育和培训，具备扎实的体育健康知识和实践技能，能够从事体育健康服务、咨询、指导和管理等工作的人才。

体育健康服务人才需要具备丰富的体育健康专业知识，包括运动生理学、运动医学、营养学、心理学等方面的知识。他们不仅需要掌握理论知识，还需要具备实际操作技能，如运动处方制定、康复训练指导、健康风险评估等。体育健康服务人才还需要具备强烈的服务意识，能够关注用户需求，提供个性化的服务方案。

体育健康服务人才可以根据其专业领域和服务对象进行不同的分类。社会体育指导员是指在竞技体育、学校体育、部队体育以外的群众性体育活动中从事技能传授、锻炼指导和组织管理工作的人员。运动健身教练主要负责为用户提供个性化的运动健身指导，帮助用户达到健身目标。康复治疗师主要针对有运动损伤或慢性疾病的人群进行康复训练和治疗。健康顾问为用户提供健康风险评估、营养指导、生活方式建议等全方位的健康管理服务。体育科研人员主要从事体育科学研究，为体育健康服务提供科学依据和理论支持。

（一）城市体育健康服务人才集中

城市中聚集了大量的体育健康服务人才，这些人才不仅为城市居民提供了专业的体育指导和服务，还为城市的体育事业发展注入了活力。以社会体育指导员为例，城市的社会体育指导员数量较多，能够很好地满足城市居民的体育健康服务需要。

周末的清晨，在北京丰台区的一个公园里，社体指导员孟令翠正伴随着悠扬的音乐，带领着附近的居民做着八段锦。每一次教学，她都全力以赴。应居民们的要求，孟令翠经常为大家讲解一些健康知识，很多和她一起锻炼的居民亲切称呼她为“健康大师”。孟令翠说：“成为社体指导员，沉甸甸的证书是对我个人能力的肯定和鼓励，让我更有干劲了！”作为一名社体指导员，孟令翠走街串巷，在给社区居民带去健康的同时，也赢得了大家的认可。

无独有偶，在陕西西安，63 岁的蒲屹每天早上都会在省体育场南门进行社会体育指导工作。在她的带动下，学员们习练太极拳、太极剑、健身气功等多种项目，强身健体。多年来，不少中老年人在接受了她的健身指导后身体素质明显提高，并且还带动一些年轻人参与进来。用蒲屹的话说，我们是群众健身路上的引路人、身边人，将科学的健身指导送到群众身边是我们应尽的义务。有学员告诉记者：“我以前对体育运动的认识非常浅薄，也不懂科学方法，就觉得只要是动起来就对健康有好处。接受了社体指导员的指导后才恍然大悟，原来健身有这么多讲究，想要运动不伤身，要注意很多细节，社体指导员让我少走了不少弯路。”

（二）农村体育健康服务人才短缺

农村地区面临着体育健康服务人才短缺的问题。例如，和城市相比，农村的社会体育指导员数量明显偏少。这一现象主要由农村的经济社会发展水平、人口结构以及体育资源分配等多重因素共同影响。

仍以社会体育指导员为例，来看一组数据：根据潜山市官方调查，发现目前全市成立各体育单项协会等全民健身组织 22 个，社会体育指导员队伍中取得国家三级及以上社会体育指导员资格证书 1520 人，但这些健身组织 95％以上都在城区，社会体育指导员城区占比 80％以上，农村全民健身组织和社会体育指导员无论是从数量上还是从指导水平上，都不能满足农村群众健身多元化和专业指导的需求。

导致农村的社会体育指导员数量偏少的原因主要有以下几个。

其一，从经济社会发展的角度来看，城市通常拥有更为丰富的资源和更高的社会发展水平。这使得城市能够吸引和留住更多的社会体育指导员。而农村地区由于经济相对落后，体育资源投入有限，导致社会体育指导员的数量严重不足。

其二，农村的人口结构也影响了社会体育指导员的数量。随着城市化进程的加速，大量农村人口流向城市，导致农村常住人口中老年和少年儿童比例较高。这些人群的文化层次相对较低，对科学健身知识的了解有限，更需要社会体育指导员的指导和帮助。然而，由于农村社会体育指导员的数量有限，他们往往无法满足这些人群的需求。

其三，体育资源的分配不均也是导致农村社会体育指导员数量偏少的原因之一。在城市中，体育设施完善，体育活动丰富多样，吸引了大量的体育人才和社会体育指导员。而在农村地区，由于体育设施匮乏，体育活动开展困难，导致社会体育指导员难以在农村地区扎根和发展。

三、体育健康服务活动内容差异

体育健康服务活动归属于文化、体育和娱乐业中的体育类别，更具体地说，它属于其他体育中的一个小类。这类活动主要包括国民体质监测与健康服务，以及科学健身调理、社会体育指导员、运动健康按摩、体育健康指导等服务。

（一）城市体育健康服务活动丰富

城市中经常举办各类体育健康服务活动。这些活动不仅增强了市民的体质和健康意识，还促进了城市体育文化的传播和发展。下面来看一下上海市杨浦区（以下简称杨浦）2024年开展了哪些体育健康服务活动。

2024年是人民城市理念提出五周年。作为首提地的杨浦，积极开展人民城市新实践，从“社区健康师”到“社区运动健康师”，从“1.0版”到“3.0版”，这个上海体育大学党委与杨浦区委共同打造的项目，聚焦居民群众的运动健康需求，充分整合杨浦体育、科技、卫生、医保等部门的公共资源，以及上海体育大学的智力资源和体育产业市场资源，围绕运动健康科普、体医融合试点、人才阵地建设三个方面，探索形成了体育健康公共服务的新路径。

开展试点以来，从“社区健康师”到“社区运动健康师”项目已聚焦糖尿病早期患者、运动损伤人群、大学生心理压力较大群体等8类人群，提供了科学、系统的运动干预。经过一个周期的跟学跟练，入组市民的健康状况不仅有了显著改善，还降低了医疗费用支出，提升了医保基金使用绩效。其中，“运动促进健康”“健康关口前移”等建议被中央有关部门采纳，并获评2022年“上海医改十大创新举措”。

从最开始在部分社区试点，到全区12个社区全覆盖开展干预，受益者也从原来的中老年人扩展到职业人群和青少年，这些都对项目的开展提出了更高要求。为此，社区运动健康师“3.0版”对不同类型的体育健康干预对象进行分类管理，分为在医疗机构内进行干预、在运动健身机构干预和居家干预三种。

2024年以来，杨浦持续开展各级各类健身气功培训活动，并将太极拳作为重点推广项目，深受市民好评。目前，杨浦有61个健身气功站点，健身气功社会体育指导员100多人，已实现12个社区健身气功站点全覆盖，经常习练功法9种，习练健身气功市民达2000余人。同时，杨浦积极组队，多次参加国家级、市级赛事，获得多项荣誉。

2024年8月，杨浦社区运动健康师项目又新增阿尔茨海默病干预，聚焦认知障碍群体，联合控江医院开设认知障碍（阿尔茨海默病）健康管理门诊，为老年人群体提供精准筛查、早期干预及全周期的健康管理服务。目前，只要在门诊做一个7分钟的免费测试，即可对认知障碍人群进行初步筛查。

杨浦还开展了“社区运动健康师”项目打卡活动。在活动现场，市民可以在阿尔茨海默病宣传区、心肺健康宣传区、“三高”共管宣传区等五大主题区域参与互动体验，学习健康知识，享受运动带来的乐趣。

（二）农村体育健康服务活动匮乏

由于资源有限和条件限制，农村地区难以举办体育健康服务活动，尤其是大规模的体育健康服务活动。导致农村体育健康服务活动匮乏的原因主要有以下几个。

一是体育基础设施薄弱。农村地区的体育基础设施普遍薄弱，缺乏现代化的体育场馆和健身设施。现有的体育设施往往陈旧、落后，难以满足农民群众对于体育活动的多样化需求。此外，体育设施的维护和管理也存在诸多问题，如设施老化、损坏严重、维修不及时等，进一步加剧了农村体育健康服务活动的匮乏。

二是专业人才匮乏。和城市相比，农村地区的体育健康服务人才相对匮乏，导致农村地区的体育活动缺乏科学性和规范性，难以吸引农民群众的广泛参与。同时，由于缺乏专业人才的指导和培训，农民群众在参与体育活动时往往存在盲目性和危险性。

三是农民群众参与度低。受传统观念和经济条件的影响，农民群众对体育活动的参与度普遍较低。一方面，部分农民认为体育活动是“不务正业”，缺乏参与的积极性；另一方面，由于经济条件有限，农民往往难以承担参与体育活动的费用和时间成本。这种低参与度进一步加剧了农村体育健康服务活动的匮乏。

四是组织和管理体系不完善。和城市相比，农村地区的体育组织和管理体系相对不完善，缺乏有效的组织机构和规范管理。大多数乡镇缺少管理体育工作的专门机构和专职人员，导致体育活动处于无序状态。此外，由于缺乏有效的组织和管理，农村地区的体育赛事和活动往往难以得到及时、有效的宣传和推广，进一步减少了农民群众的参与机会。

五是信息闭塞和宣传不足。农村地区的信息闭塞和宣传不足也是导致体育健康服务活动匮乏的重要原因之一。由于地理位置偏远、交通不便等因素，农民群众往往难以及时获取有关体育活动的信息。同时，由于缺乏有效的宣传渠道和手段，农民群众对体育活动的了解不足，难以形成广泛的参与氛围。

第四节　标准化与个性化问题：僵化与灵活

一、体育健康服务标准化

标准化是对重复性事物和概念所做的统一规定，旨在获取最佳秩序和社会效益。在体育健康服务中，标准化通常表现为制定明确的服务流程、服务规范和质量标准。下面以公共体育服务为例进行说明。

公共体育服务是指政府为满足公众体育需求而提供的各种体育设施、活动、指导、信息等服务的总和。这种体育健康服务具有公共性、非营利性和普惠性等特点，旨在促进全民健身和体育事业的发展。党的二十大报告提出，要“健全基本公共服务体系，提高公共服务水平，增强均衡性和可及性”。基本公共体育服务事关人民基本体育权利，是我国基本公共服务的重要内容。提高基本公共体育服务标准化水平，是促进基本公共体育服务高质量发展的重要保障，在构建更高水平的全民健身公共服务体系中发挥着基础性、引领性的作用。

2024 年 7 月，国家社科基金重大项目“健康中国视域下基本公共体育服务标准化研究”开题论证会在上海召开，来自学术界和业界的专家学者，聚焦国情民需，为构建具有中国特色的基本公共体育服务标准化体系建言献策。

北京体育大学杨桦教授认为，基本公共体育服务体系建设仍存在一些老问题、面临一些新形势。一方面，由于缺乏科学合理的标准指导，发展质量难以保障，区域间、城乡间基本公共体育服务发展水平差异较大，人民群众对更高水平、更高质量的体育健身需求与公共体育服务不平衡、不充分发展之间的矛盾依然突出；另一方面，由于缺乏标准引领，过去依靠资源投入的粗放型发展模式难以适应基本公共体育服务体系建设新要求。可见，基本公共体育服务不仅着要眼于服务的“增量扩容”，还要着手于服务的起点均衡和过程可及，通过建立完善基本公共体育服务标准体系，力促服务发展从数量向质量、从规模向效益、从失衡向均衡转变，打通服务供给“最后一公里”，着力解决服务“均不均”“符不符”“便不便”“好不好”等问题，不断提升人民群众的获得感和满意度。

上海体育大学郑家鲲教授认为，立足新时代基本公共体育服务发展的历史方位和功能定位，推进“健康中国视域下基本公共体育服务标准化”研究，是贯彻落实习近平总书记“要紧紧围绕满足人民群众需求，构建更高水平的全民健身公共服务体系”重要讲话精神，推动基本公共体育服务高质量发展的必然要求，在增强人民体质、增进人民健康和推动体育强国、健康中国建设方面发挥着基础性保障作用。

上海市哲学社会科学规划办公室主任李安方认为，深入推进健康中国视域下基本公共体育服务标准化研究，有利于变革服务模式、优化服务流程、提升服务效益，是破解新时期我国基本公共体育服务不平衡、不充分发展矛盾的重要抓手。新时代我国基本公共体育服务标准化建设，要将具有中国特色的标准化发展理念融入其中，要立足中国实践、解决中国问题、打造中国体系，积极回应时代“迫切”需要。

上海体育大学党委副书记、校长毛丽娟教授认为，随着我国开启全面建设社会主义现代化国家新征程，人民群众的健身需求日益呈现多元化特征。在迈向中国式现代化的新征程中，要贯彻“以人民为中心”发展理念，以全体人民现实需求统筹基本公共体育服务标准化，重铸基本公共体育服务价值内核、重塑基本公共体育服务发展逻辑、重构基本公共体育服务治理格局。

天津体育学院姚家新教授表示，基本公共体育服务是为了保障全体公民最基本的体育权利，标准化实施要综合考虑地区间、城乡间、人群间的共性与差异。在实际生活中，不同地区的人民群众由于文化传统、成长环境等方面的差异性，在基本体育需求上并不完全相同，统一化、样板化并不适合所有服务内容的需求实际。因此，要深入人民群众的现实体育生活中，在充分考虑民众需求、区域与城乡差异的基础上，制定与人民需求、社会发展相适应的基本公共体育服务标准体系。

上海交通大学孙麒麟教授认为，我国基本公共体育服务标准体系建设起步晚、基础弱，现有标准涵盖面相对较窄，核心内容不足，细化不够，难以满足人民对新时代体育发展的新要求。研究要紧密对接“健康中国”国家战略的实施要求和人民群众体育权益的保障需要，厘清我国基本公共体育服务标准化的构成要素以及各要素之间的内在关系，进而构建适合我国国情、具有中国特色的基本公共体育服务标准化体系。

上海师范大学沈建华教授认为，基本公共体育服务标准化发展并非一蹴而就，需要立足当下，着眼长远，稳步推进。研究不仅要在宏观层面把握基本公共体育服务标准化的构成要素和运作规律，还要从微观层面提出针对性、系统性的基本公共体育服务标准化实践策略，为我国基本公共体育服务标准化的实践推进提供全面、科学、可行的行动方案。

福建师范大学方千华教授认为，标准化是一项复杂且系统的工程，其中涉及要素众多、关系繁杂、逻辑深奥。要立足时代发展新趋势，明确基本公共体育服务标准化的价值定位，厘清基本公共体育服务标准化的理论内涵，审视健康中国与基本公共体育服务标准化的内在联系，发挥好重大项目在构建中国特色基本公共体育服务标准化理论体系上的引领作用，为构建中国式现代化基本公共体育服务体系提供坚实的理论基础。

西安体育学院黄谦教授认为，重大项目突破了传统就“标准化”论“标准化”的视野局限，充分运用多学科理论视角，对基本公共体育服务标准化进行多维度、全方位、整体性考察。项目推进过程中，要将“提升人民健康水平、促进人的全面发展、满足人民对美好生活的向往”的目标放在首要位置，将基本公共体育服务标准化建设置于“健康中国”“体育强国”国家战略中去考量、去布局、去谋划，以此构建科学有效的基本公共体育服务标准体系，引领基本公共体育服务高质量发展，实现体育发展成果由人民共享，更好地满足人民体育需求。

体育健康服务标准化使服务具有了统一性和规范性，从而大大简化了服务流程，提高了服务效率。同时，标准化服务还便于管理和监督，确保服务按照既定标准执行，减少因人为因素导致的服务延误或错误。然而，如果标准制定不当或执行不严，也可能导致服务质量下降。

二、体育健康服务个性化

个性化服务是指根据用户的特定需求和偏好，提供量身定制的服务。

在体育健康服务中，个性化服务通常表现为提供定制化的训练计划、营养建议等。下面仍以公共体育服务为例进行说明。

公共体育服务的个性化是指根据个体的体育需求、兴趣、能力等差异，提供有针对性的体育服务。这种服务不仅关注个体的共性需求，更重视其个性差异，旨在通过个性化的服务方式，提高个体的体育参与度和满意度。公共体育服务个性化的服务方式能够激发个体的运动兴趣，提高其体育参与度，从而推动全民健身运动的发展；能够更好地满足个体的体育需求，提升其满意度和幸福感；能够吸引更多的消费者，推动体育产业的发展和创新。

面向特殊人群的公共体育服务能够体现公共体育服务个性化。随着我国人口老龄化趋势日益明显，老年群体的健身与健康问题成为社会关注的热点话题。国家体育总局办公厅会同国家发展和改革委员会、财政部、住房和城乡建设部、中国人民银行四部门联合印发的《全民健身场地设施提升行动工作方案（2023—2025 年）》提出，要加强适老化健身设施配置，各地新建健身设施项目原则上应百分百配置老年人健身设施，公共体育场馆应百分百提供老年人健身活动场所。以数字赋能县域老年人体育公共服务供需适配，满足老年人群体多样化的运动需求，为老年人打造更友好的运动环境，引导更多老年人参加体育健身活动，让老年人享受健康幸福晚年，是贯彻落实全民健身国家战略、推进健康中国建设的重要举措。如今，老年人运动已不再满足于跳广场舞的单一模式，乒乓球、羽毛球、游泳、健身等专项专业的体育锻炼逐渐普及。为了更好地满足当下老年人多样化的需求，一些地区建设了智能化的体育服务管理平台。例如，一些地区的市民公园在智慧健身跑道沿途安装智慧屏幕、亮化系统、人脸识别等智慧系统，设置数据采集点，实时监测参与者的运动情况，为老年人提供运动参考。通过平台，老年人可以随时了解自己的健康状况，并根据平台提供的个性化建议进行体育锻炼。服务提供方可以根据数据分析结果，及时调整服务内容，确保老年人的体育活动既安全又有效。为了确保公共体育服务的持续优化，一些地区建立了数据追踪与反馈机制，在保障老年人个人隐私和数据安全的前提下，整合各部门健身数据，使其在线、共享、应用，最终指导老年人的体育实践。例如，一些地区通过定期更新健身器材，增加新的运动项目，或调整健身指导员的服务时间和内容，确保服务能够不断适应老年人变化的需求，制定更精准的服务供给策略。

个性化的体育健康服务需要在财务和人才资源上进行较大的投入，因此，对于经济条件较差的服务供给主体而言，可能会造成一定的经济压力。

此外，个性化的体育健康服务需要根据不同用户需求进行设计和实施，而用户的需求随时会发生变化，因此服务供给主体很难衡量服务的效果。此外，个性化服务还可能涉及一些隐私问题、法律问题和道德问题。

第五节　科技创新与人才短缺：创新驱动力的不足

一、体育健康服务科技创新的重要性

（一）提高服务质量

科技创新能够提高体育健康服务的智能化、精准化和个性化水平，从而为用户提供更加优质的服务体验。

1. 智能化水平的提高

随着物联网、传感器技术和大数据的发展，智能穿戴设备（如智能手表、健康监测手环等）能够实时监测用户的运动状态、心率、睡眠质量等生理指标，为用户提供即时反馈和健康建议。同时，现代健身器材通过集成智能传感器和控制系统，能够自动识别用户的运动模式和强度，提供个性化的训练建议和调整方案，使锻炼更加科学有效。而人工智能技术的应用，使 AI 教练和虚拟教练成为可能。它们能够基于用户的运动数据和健康状况，提供定制化的训练计划和指导，甚至在用户进行运动时提供实时反馈。

2. 精准化服务的实现

通过收集和分析用户的运动数据、健康档案和个人偏好，科技创新能够为用户生成个性化的训练计划，确保训练内容既符合用户的健康需求，又能激发其运动兴趣。同时，结合用户的健康数据和运动习惯，科技创新可以帮助用户评估潜在的健康风险，如心血管疾病、运动损伤等，从而提前采取预防措施。此外，基于用户的身体数据和运动消耗，科技创新能够提供个性化的营养和饮食建议，帮助用户更好地管理体重和健康状况。

3. 个性化服务的深化

通过了解用户的偏好和习惯，科技创新可以优化体育健康服务的用户界面和交互设计，使服务更加贴近用户的实际需求，提升用户满意度。科技创新还能够促进体育健康服务中的社交功能，让用户能够与他人分享运动成果、交流心得，甚至参与团队运动，从而增强运动的趣味性和互动性。此外，基于用户的身体状况和兴趣，科技创新可以设计个性化的健康挑战，如一定期限内的体重管理、跑步距离挑战等，激励用户持续参与和进步。

（二）促进产业升级

科技创新可以推动体育健康服务产业的转型升级，提高产业的整体竞争力和可持续发展能力。

1. 产业升级与转型

科技创新能够带动体育健康服务产业从传统的服务模式向现代化、智能化方向转型。例如，通过大数据、人工智能、物联网等技术的应用，可以实现对用户健康数据的实时监测和分析，从而提供更加精准化、个性化的健康服务。这种转型不仅提高了服务质量和效率，还满足了消费者日益增长的多元化需求。

2. 竞争力提升

科技创新能够增强体育健康服务产业的竞争力。一方面，通过研发新技术、新产品和新服务，企业可以不断推出具有创新性和差异性的产品，从而在市场上占据领先地位。另一方面，科技创新还可以帮助企业优化生产流程、降低成本，提高整体运营效率，从而在价格和服务质量上形成竞争优势。

3. 可持续发展能力增强

科技创新有助于提升体育健康服务产业的可持续发展能力。一方面，通过智能化和精准化的服务，可以减少资源浪费，提高资源利用效率。例如，智能健身器材可以根据用户的身体状况和运动需求进行自动调节，避免不必要的能量消耗。另一方面，科技创新还可以推动产业向绿色、环保方向发展。例如，利用可再生能源和环保材料生产健身器材，减少对环境的影响。

（三）满足多元化需求

当前，用户不再满足于传统的、标准化的训练模式，而是希望根据自己的身体状况、运动能力和个人喜好，定制专属的训练计划。同时，随着健康意识的增强，用户越来越关注自己的身体状况，包括心率、血压、睡眠质量等生理指标。他们希望通过科技手段实时监测这些指标，以便及时调整运动方式和生活方式。此外，在运动过程中，用户渴望与他人分享自己的运动成果、交流心得，甚至参与团队运动。这种社交和互动的需求，使得体育健康服务不再仅仅是个人行为，而是成为一种社交活动。在快节奏的生活中，用户还希望体育健康服务能够更加便捷、智能化。

科技创新是满足这些多样化需求的关键。例如，智能手环、智能手表等穿戴设备通过内置的传感器和算法，能够实时监测用户的运动数据和生理指标，为用户提供个性化的健康建议和运动计划。利用人工智能技术，可以开发出AI教练或虚拟教练，为用户提供个性化的训练指导和反馈。这些“教练”能够根据用户的身体状况和运动能力，调整训练计划，确保训练效果。通过大数据和云计算技术，可以开发出健康管理与数据分析平台，帮助用户全面、系统地管理自己的健康状况。这些平台能够收集用户的运动数据、生理指标等信息，进行深度分析，为用户提供科学的健康建议。在体育健康服务中融入社交和互动功能，如运动社区、挑战赛等，可以激发用户的运动热情，增强用户的参与感和归属感。

二、体育健康服务人才短缺对体育健康服务创新驱动力的影响

（一）限制体育健康服务创新能力的提升

体育健康服务行业的创新需要高素质、跨学科的专业人才来推动。但是，人才短缺导致行业内缺乏具备创新思维和实践能力的人才，从而限制了行业整体创新能力的提升。缺乏专业人才，企业难以开发出具有竞争力的新产品和新服务，难以满足消费者日益多样化的需求。

（二）影响体育健康服务创新成果的转化

体育健康服务人才短缺还影响了体育健康服务创新成果的转化和应用。在体育健康服务领域，创新成果往往需要通过实践来验证和完善。然而，由于体育健康服务人才的匮乏，体育健康服务企业难以找到合适的人才来实施和推广创新成果，导致体育健康服务创新成果难以转化为实际的生产力，不仅浪费了研发资源，也限制了行业的进一步发展。

（三）制约体育健康服务创新方向的拓展

体育健康服务人才短缺还制约了体育健康服务创新方向的拓展。由于人才的匮乏，体育健康服务企业在选择创新方向时可能会受到限制，无法充分探索新的领域和机会。这可能导致体育健康服务企业在市场上失去先机，无法及时应对市场的变化和需求。同时，缺乏跨学科的人才也限制了体育健康服务企业在技术、管理、市场营销等方面的创新，使企业难以形成全面的竞争优势。

三、体育健康服务人才短缺的原因分析

（一）体育健康服务的学科交叉性强

体育健康服务不仅涉及体育学、运动医学、营养学、心理学等多个学

科领域，还与健康管理、信息技术、市场营销等跨学科知识紧密相连。这种跨学科的特点要求从业者具备广泛的知识储备和综合能力，但当前教育体系下的人才培养往往侧重于单一学科，难以满足体育健康服务行业的多元化需求。

（二）体育健康服务人才培养体系不健全

1. 高等教育滞后

虽然国内高等教育、职业教育和继续教育中均开设了体育健康服务相关专业，如体育康养专业、运动健康指导专业、体育保健与康复专业等，但师资队伍建设相对滞后。许多高校教师缺乏体育健康服务的职业经历和工作背景，难以指导学生开展体育健康服务实践。

2. 跨界培养不足

体育健康服务人才的培养需要打破学科、行业和文化间的界限，实现跨界的教育和训练。然而，目前我国的体育健康服务人才培养模式在这方面还存在一定的不足，导致具备跨学科知识和实践经验的体育健康服务人才稀缺。

（三）行业快速发展与人才需求不匹配

随着人们生活水平的提高和健康意识的增强，体育健康服务行业得到了快速发展。然而，这种快速发展与体育健康服务人才需求之间并未形成完美的匹配关系。一方面，体育健康服务行业对体育健康服务人才的需求急剧增加；另一方面，体育健康服务人才培养和供给却难以满足这种需求，导致体育健康服务人才短缺现象日益严重。

（四）薪酬与晋升机会有限

1. 薪酬水平较低

体育健康服务行业的市场需求虽然不断增长，但供给端的人才培养和供给却相对滞后。这可能导致行业内的人才短缺和薪酬水平难以提升。此外，体育健康服务行业具有一定的公益性和服务性，其盈利模式和利润空间相对有限。这在一定程度上限制了企业提高薪酬的能力。

由于薪酬水平相对较低，一些从业人员可能会为了追求更高的收入而选择离开体育健康服务行业。这不仅会导致行业内部的人才流失，还可能影响行业的整体竞争力和服务质量。特别是对于那些具备高素质和跨学科能力的专业人才来说，他们往往容易在薪酬较高的行业中找到更好的职业机会。

2. 晋升机会有限

在体育健康服务行业中，由于行业特点和市场定位的限制，晋升机会往往相对有限。一方面，该行业的职业晋升路径相对单一，往往依赖于工作年限、业绩和资历等因素。然而，在实际操作中，这些因素难以量化，导致晋升过程缺乏透明度和公平性。另一方面，由于行业内部竞争激烈，一些优秀的人才可能因缺乏晋升机会而感到职业发展受阻，从而选择离开该行业。

（五）工作压力与健康问题

体育健康服务行业确实是一个充满挑战、不断进步和自我完善的行业。在这个行业中，从业人员不仅需要具备丰富的专业知识和技术，还需要不断学习、精进自己的技能，以适应不断变化的市场需求和顾客需求。这种持续的学习和进步要求，给从业人员带来了极大的工作压力。长期紧张的工作环境和高强度的工作压力，无疑会对从业人员的身体和精神健康造成负担。体育健康服务行业的从业人员经常需要长时间站立、高强度运动或者处理各种突发事件，这些都对他们的身体健康提出了很高的要求。同时，他们还需要保持高度的专注和责任心，确保每一次服务都能达到顾客的期望。这种精神压力，尤其是长期的精神紧张，可能导致从业人员出现焦虑、抑郁等心理问题。这些身体和精神上的负担，进一步影响了从业人员的职业满意度和留任意愿。一方面，身体和精神上的疲惫可能让他们对工作感到厌倦，缺乏热情；另一方面，长期的高强度工作可能让他们觉得自己的付出没有得到相应的回报，从而降低对工作的满意度。这些因素都可能促使他们考虑转行或者寻找其他更有吸引力的职业机会。

第四章　制度调试：优化体育健康服务供给的政策建议

第一节　完善体育健康服务制度体系，保障服务规范运行

一、在发展中满足人民的运动健康需求是中国式现代化的重要任务

习近平总书记强调指出，“现代化最重要的指标还是人民健康，这是人民幸福生活的基础。把这件事抓牢，人民至上、生命至上应该是全党全社会必须牢牢树立的一个理念”。实现人民健康必然要求持续推进健康中国建设，这是不断提升全民健康水平和健康服务质量的丰富内涵，也是实现中国式现代化的必然要求。

满足人民的运动健康需求彰显人民至上。人民立场是中国共产党的根本政治立场，是马克思主义政党区别于其他政党的显著标志。党的二十大报告指出，“坚持以人民为中心的发展思想。维护人民根本利益，增进民生福祉，不断实现发展为了人民、发展依靠人民、发展成果由人民共享，让现代化建设成果更多更公平惠及全体人民”。随着中国式现代化建设的持续推进，人民群众对体育健康有了更高的需求，对体育健康更加关注，体育健康需求呈现多元化、差异化的特征，期盼着更加优质的体育健康服务。民之所盼，政之所向。党的十八大以来，以习近平同志为核心的党中央将人民健康放在优先发展的战略位置上，把体育健康事业的高质量发展和人民对美好生活的向往紧密结合，对体育健康服务建设作出了全面的战略部署，顺应了人民对高品质生活的追求与期待，生动诠释了以人民为中心的发展思想和全心全意为人民服务的根本宗旨。

二、完善体育健康服务制度体系必须坚持尽力而为、量力而行

（一）适应我国国情和发展阶段的需要

目前，我国仍然是世界上最大的发展中国家，政府财力有限。在体育健康服务制度体系建设过程中，必须充分考虑财政的承受能力和可持续性，不能盲目追求高标准、高福利，避免给财政带来过大压力。我国正处于经济社会快速发展的关键时期，各地区发展不平衡、不协调的问题依然突出。因此，在完善体育健康服务制度体系时，必须根据各地的实际情况和发展阶段特征，科学合理地确定公共服务的内容和标准。

（二）确保资源有效配置的需要

尽力而为、量力而行的原则有助于引导各级政府将有限的资源用到人民群众最急需、最困难、最迫切的领域。通过系统梳理体育健康服务领域的基本和非基本公共服务边界和发展重点，明确政府在体育健康服务制度供给上的不同权责，有利于实现资源的有效配置和高效利用。坚持这一原则，还可以避免在体育健康服务体系建设过程中出现过度投入、重复建设等问题，从而节约财政资源，提高资金使用效率。

（三）促进体育健康服务体系可持续发展的需要

完善体育健康服务制度体系是一个长期而复杂的过程，需要持续不断地投入和努力。坚持尽力而为、量力而行的原则，有助于确保体育健康服务体系建设的连续性和稳定性，避免因为财政压力或其他因素导致服务中断或质量下降。通过科学合理的服务内容和标准设定，以及有效的资源配置和利用，可以增强人民群众对体育健康服务体系的认同感和满意度，从而进一步推动体育健康服务制度体系的完善和发展。

三、完善体育健康服务制度体系必须增强其均衡性和可及性

完善体育健康服务体系，必须增强其均衡性和可及性。这既是新时代体育健康服务工作的方向引领，也是推进共同富裕的重要着力点。

（一）增强均衡性

增强均衡性要求在体育健康服务供给过程中，关注区域、城乡、群体之间的差异性，通过合理配置资源，减少社会成员在获得体育健康服务方面的差异性。这有助于实现社会公平和正义，让更多人享受到均等的公共服务。均衡性不仅体现在服务内容的均等化上，还体现在服务供给的过程和结果上。它要求体育健康服务在宏观层面上实现生产与供给的均衡，避

免生产端与供给端之间差距过大。增强均衡性还要求重视体育健康服务供给端的改革创新。这包括国家宏观层面的体育健康服务供求均衡，以及地方各层级的体育健康服务供需适配，体现了体育健康服务投入和产出全过程的均衡。

（二）增强可及性

增强可及性旨在提升体育健康服务供给与需求的匹配程度，优化公众在获得体育健康服务过程中的体验感。这要求公共服务不仅要“有”，而且要“好”，让人民群众切实感受到体育健康服务的便利和高效。可及性包括空间可及和内容可及两个方面。空间可及要求体育健康服务设施在空间布局和距离上便利可达；内容可及则要求体育健康服务产品可利用、价格可承受、质量标准化和安全有监管。增强可及性还要求强化体育健康服务的供给内容与实际需求之间的高效匹配。这需要通过数字化、智能化等手段，提高体育健康服务的精准供给能力，确保服务内容与群众实际需求的有效衔接。

第二节　构建多元化供给体系，激发市场活力

一、政府主导

（一）政策制定与引导

建议政府出台相关政策，鼓励和支持体育健康服务的发展。例如，在财政补贴方面，政府应为体育健康服务提供者（如体育场馆、健身中心、户外运动设施等）提供运营补贴，以降低其运营成本，鼓励其提供更多、更优质的服务。设立专项基金，支持体育健康服务项目的研发、推广和运营，特别是针对农村和偏远地区的体育健康服务。在税收方面，建议政府对体育健康服务企业给予税收减免或优惠，如降低增值税税率、所得税税率等，以减轻其财务负担。对投资于体育健康服务领域的企业和个人，提供税收抵免或返还政策，鼓励社会资本投入。在土地供应方面，建议政府在城市规划中优先安排体育健康服务设施用地，确保设施建设的顺利进行。同时，对体育健康服务设施用地给予地价优惠或减免，降低建设成本。

此外，建议政府制定体育健康服务行业标准和规范。建议政府组织专家团队，结合国内外先进经验，制定体育健康服务的行业标准，包括设施

标准、服务流程、人员资质等。行业标准应具有前瞻性、科学性和可操作性，能够引导体育健康服务行业的健康发展。同时，建议政府制定体育健康服务的基本规范，如服务内容、服务质量、服务价格等，确保体育健康服务提供者能够按照规范提供服务。建议政府应加强对体育健康服务提供者的培训和监管，提高其服务意识和专业水平，确保服务质量。建议政府有必要建立体育健康服务质量监管体系，定期对体育健康服务提供者进行质量检查和评估，对不符合行业标准和服务规范的体育健康服务提供者，给予警告、罚款、吊销营业执照等处罚，确保服务质量的持续提高。

（二）基础设施建设

建议政府投资兴建或扩建现代化、多功能的体育场馆，以满足各类体育赛事和群众健身活动的需求。体育场馆应具备良好的设施条件，如舒适的观众席、先进的运动设备、完善的安保系统等。同时，政府应鼓励和支持社会资本投资建设健身中心，提供多样化的健身服务，满足不同人群的健身需求。健身中心应配备专业的健身教练和健身设备，为群众提供专业的健身指导和训练。此外，政府应加大对户外运动设施的投资，如建设足球场、篮球场、网球场等户外运动场地，以及登山步道、骑行道等户外运动设施。户外运动设施应具备良好的安全性和便利性，为群众提供安全、便捷的户外运动环境。

在体育健康服务基础设施方面，建议政府还要优化现有设施的布局和功能。建议政府根据城市规划和人口分布，科学规划体育健康设施的布局，确保设施分布均衡、覆盖广泛。在规划过程中，建议政府充分考虑群众的实际需求和运动习惯，确保设施布局符合群众的实际需求。为了更好地满足群众的需求，建议政府对现有体育健康设施进行升级改造，提升其功能和品质。例如，对老旧场馆进行翻新改造，增加现代化设施和设备；对户外运动设施进行完善和维护，确保其安全性和实用性。政府应鼓励设施提供者创新服务模式，如提供定制化服务、智能化管理等，提升设施的使用效率和群众满意度。

（三）监管与评估

建议政府设立独立的监管机构监管体育健康服务过程和质量。体育健康服务监管机构需要具备一定的独立性，不受政治或其他利益集团的干扰，以确保其监管行为公正和客观。这一机构可以负责体育健康服务行业的整体监管，包括服务质量的评估、违规行为的查处等。

为了对体育健康服务的质量和效果进行定期评估，建议政府建立一套科学、合理的评估标准和指标体系。这些标准和指标应涵盖服务的各个方面，如设施条件、人员资质、服务质量、客户满意度等。通过定期收集和分析数据，可以客观地评估服务的质量和效果。

建议体育健康服务监管机构具备充足的人力、物力和技术力量，以应对复杂多变的监管需求。建议政府加强对体育健康服务监管人员的培训和教育，提高其执法水平和业务能力。建议体育健康服务监管机构之间建立紧密的信息共享和协作机制，并且与其他政府部门、行业协会、企业等建立合作关系，共同应对跨区域和跨领域的监管挑战。通过信息共享和协作，可以提高监管的效率和准确性。

体育健康服务监管机构的行为和决策应当公开透明，如公开监管政策、标准和程序，以及定期发布监管报告和评估结果。通过信息公开和听证会等方式，可以确保监管的公正性和透明度，增强公众对监管机构的信任和支持。对于违法违规行为，建议体育健康服务监管机构制定严格的处罚措施和程序，对违法者给予相应的处罚。同时，建立举报和投诉机制，鼓励公众积极参与监督，共同维护体育健康服务行业的秩序和健康发展。

二、市场运作

（一）企业参与体育健康服务

建议政府出台相关政策，鼓励体育健康服务企业针对不同人群（如青少年、成年人、老年人等）开发不同难度系数的健身课程。这包括但不限于瑜伽、普拉提、有氧操、力量训练等；通过提供资金补贴、税收优惠、宣传支持等方式，降低体育健康服务企业的研发成本和市场推广难度，激励企业积极开发符合市场需求的健身课程。

针对运动损伤和慢性疾病患者，建议政府鼓励体育健康服务企业提供个性化的体育康复服务，如物理治疗、康复训练等；设立专项基金，支持体育健康服务企业引进先进的康复技术和设备，培训专业的康复人才；与体育健康服务企业合作，建立康复服务示范点，推广成功的康复案例，提高社会对体育康复服务的认知和接受度。

建议政府鼓励体育健康服务企业结合现代科技手段，如虚拟现实、智能穿戴设备等，提高体育健康服务的科技含量和效果；为企业提供技术支持和研发资助，推动体育健康服务企业开展技术创新和产品研发；举办科技应用交流会，搭建体育健康服务企业与科研机构、高校等单位的合作平台，促进产学研深度融合。

建议政府鼓励体育健康服务企业提供全面的健康管理服务，包括体育健康咨询、运动营养指导、运动辅导等；制定相关标准和规范，引导体育健康服务企业建立健全的健康管理服务体系；与体育健康服务企业合作，开展健康科普宣传和教育活动，提高公众的健康意识和自我管理能力。

建议政府鼓励体育健康服务企业利用大数据和人工智能技术，为用户提供个性化的体育健康管理和损伤预防建议；建立数据共享平台，为体育健康服务企业提供数据支持和决策依据；鼓励体育健康服务企业开展数据分析和挖掘，发现潜在的健康问题和市场需求，为产品创新和服务优化提供有力支撑。

（二）引入社会资本参与公共体育健康服务

政府引入社会资本参与公共体育健康服务是一个积极且有效的策略，能够提高体育健康服务的质量和效率，满足人民群众日益增长的多元化体育健康需求。

社会资本通常具有丰富的资金、先进的技术和管理经验，能够提升公共体育健康服务的硬件设施和软件水平。政府通过引入社会资本，可以增加公共体育健康服务的供给量，缓解供需矛盾，使更多的人能够享受到优质的体育健康服务。此外，社会资本参与公共体育健康服务有助于推动体育健康产业的繁荣发展，形成良性循环。

政府引入社会资本参与公共体育健康服务的方式主要有以下三种。

一是政府与社会资本合作（PPP）模式。政府与社会资本共同出资建设公共体育健康设施，共同承担运营风险，共享收益。这种模式能够充分发挥政府和社会资本各自的优势，实现资源互补。

二是购买服务。政府通过向社会资本购买公共体育健康服务的方式，满足人民群众对体育健康服务的需求。这种方式能够降低政府的运营成本，提高服务效率。

三是特许经营。政府将公共体育健康设施的特许经营权授予社会资本，由社会资本负责设施的运营和维护。政府通过监管和评估确保服务质量，同时分享部分收益。

三、社会参与

（一）社会组织参与体育健康服务

社会组织作为政府与民众之间的桥梁，具有独特的灵活性和创新性，能够在体育健康服务领域发挥重要作用。因此，建议政府发挥社会组织在资源整合、服务创新等方面的优势，推动体育健康服务的多元化发展。

社会组织通常具有较强的资源整合能力，能够动员各方力量，共同为体育健康服务贡献力量。建议政府出台相关政策，明确社会组织在体育健康服务领域的角色和定位，鼓励其积极参与；搭建社会组织与政府、企业、社区等多方合作的平台，促进资源共享和优势互补；设立专项基金，对社会组织在体育健康服务领域的项目进行资助，降低其运营成本。

社会组织在服务创新方面具有独特优势，能够针对民众需求，开发出具有吸引力的体育健康服务产品。建议政府设立体育健康服务创新奖项，对在社会组织领域表现突出的创新项目进行表彰和奖励；与社会组织合作，共同研发体育健康服务新技术、新产品，推动服务创新；积极推广社会组织在体育健康服务领域的成功案例，形成示范效应，激发更多社会组织的创新活力。

社会组织在组织各类体育活动方面具有丰富经验，能够吸引更多民众参与，增强体育健康意识。建议政府与社会组织合作，共同建设和管理体育场地设施，为活动提供必要的场地支持；利用自身渠道和资源，对社会组织组织的体育活动进行宣传推广，提高活动的知名度和影响力；加强对社会组织组织的体育活动的安全监管，确保活动安全有序进行。

（二）志愿者参与体育健康服务

建议政府鼓励志愿者参与体育健康服务，如担任教练、辅导员等角色，为社区、学校等提供公益性质的体育健康服务。政府可以设立“体育健康服务志愿者”荣誉奖项，对表现突出的志愿者进行表彰和奖励，包括颁发证书、奖章或提供小额奖金等；建立志愿服务时长认证制度，将志愿者在体育健康服务中的贡献纳入个人社会信用体系，作为未来求职、升学、评优等方面的参考。

建议政府组织定期的志愿者培训，包括体育技能、教学方法、急救知识等方面的培训，提升志愿者的专业素养和服务能力；为志愿者提供必要的体育器材、教学资料等物资支持，减轻其服务负担；为志愿者购买人身意外伤害保险，保障其在服务过程中的安全。

建议政府搭建志愿服务信息平台，发布体育健康服务志愿者招募信息、服务需求、活动安排等，方便志愿者报名参与；建立志愿服务对接机制，根据志愿者的特长和服务意向，将其与社区、学校等需求方进行精准对接；建立志愿服务反馈机制，收集服务对象和志愿者的反馈意见，不断优化服务内容和方式。

建议政府制定和完善志愿服务相关法规，明确体育健康服务志愿者的权利和义务，保障他们的合法权益。

（三）个人参与体育健康服务

建议政府出台相关政策，明确体育健康服务的重要性，设定发展目标，鼓励个人积极参与。在实践中，政府可以定期举办各类体育活动，如健身操比赛、跑步比赛、球类比赛等，吸引市民积极参与；支持社区举办小型体育赛事，如社区运动会、邻里篮球赛等，增强社区凝聚力，激发市民的参与热情。

建议政府在学校、社区等场所开展健康教育讲座，普及健康知识，增强市民的健康意识。融媒体时代，政府可以利用电视、广播、网络等媒体平台，广泛宣传体育健康服务的重要性和意义，营造良好的社会氛围。

为了激发个人参与体育健康服务的热情，建议政府对积极参与体育健康服务的个人或团队进行表彰和奖励，如颁发证书、提供奖品等。

第五章　推进路径：实现体育健康服务高质量供给的实践策略

第一节　体育健康服务智慧化发展

一、智慧体育概述

智慧体育是一种新兴的运动方式，通过信息技术与体育运动的融合，以智能设备、大数据分析和人工智能等技术手段为基础，为运动者提供个性化、科学化的体育健康服务。其核心理念是利用先进的科技手段，实现运动数据的收集、分析和运用，从而优化运动方案，提升运动效果，促进人们的身心健康发展。

智慧体育的基本特征包括个性化定制、数据驱动、智能化辅助和社交互动。个性化定制指根据个体的运动需求、身体状况和健康目标，为其量身定制运动方案，使之更符合个体的实际情况；数据驱动指通过智能设备采集的运动数据，结合大数据分析和人工智能算法，为运动者提供科学的运动指导和健康管理建议；智能化辅助指智慧体育平台提供的智能设备和手机应用等工具，可以实时监测运动状态，记录运动数据，并根据个体情况进行智能化的运动调整和提醒；社交互动指智慧体育平台通过社交功能，促进运动者之间的交流互动，分享运动经验、激励彼此，提高运动的社交性和参与度。

智慧体育的应用范围涵盖了多个领域，包括个人健身、职业训练、学校体育、社区健康等。在个人健身方面，智慧体育可以帮助运动者制订个性化的健身计划，监测运动效果，提高锻炼效率；在职业训练方面，智慧体育可以为运动员提供科学的训练指导和数据支持，提高竞技水平；在学校体育方面，智慧体育可以通过智能设备和在线课程等方式，丰富学生的体育教学内容，提高体育教学效果；在社区健康方面，智慧体育可以通过社区体育活动和健康管理服务，促进居民养成健康的生活方式，降低慢性疾病的发生率。

二、智慧体育背景下的健康生活方式

智慧体育利用先进的技术手段，能够实时监测个体的运动状态和健康数据，如心率、步数、睡眠质量等，进而分析个体的运动需求和身体状况。通过大数据分析和人工智能算法，智慧体育平台能够为用户提供个性化的运动指导和健康管理建议，帮助用户制订科学合理的运动计划，提高运动效果，降低运动风险，从而形成健康的生活方式。

在智慧体育背景下，健康生活方式的实践涵盖了多个方面。首先，智慧体育背景下的健康生活方式实践体现在个体的运动监测与数据记录上。通过利用智能设备和手机应用等平台，个体可以随时随地对自己的运动情况进行监测和记录。智能设备（如智能手表、智能运动追踪器等）可以实时监测个体的运动数据，包括步数、运动时长、心率等指标，并将数据上传至手机应用或云端服务器进行记录和分析。个体可以通过手机应用查看自己的运动数据，了解自己的运动状态和健康状况，为制订科学合理的运动计划提供依据。

其次，智慧体育背景下的健康生活方式实践体现在参与各类运动活动上。智慧体育平台提供了丰富多样的运动活动，包括线上线下的健身课程、运动挑战赛、健康讲座等，用户可以根据自己的兴趣和需求选择参与。通过参与这些运动活动，个体可以丰富自己的运动体验，提高运动技能，增强健康意识，培养健康的生活方式。同时，运动活动还可以促进个体之间的交流和互动，增强社会凝聚力和团队合作精神，推动健康生活方式的普及和传播。

最后，智慧体育背景下的健康生活方式实践体现在建立社交网络上。智慧体育平台为用户提供了社交功能，用户可以在平台上分享自己的运动成果和经验，与他人交流互动。通过建立健康生活的社交网络，个体可以获取他人的运动建议和经验分享，获得社会支持和鼓励，增强自己坚持健康生活方式的信心和动力。同时，建立健康生活的社交网络还可以促进用户之间的情感交流和情感支持，提高生活质量和幸福感。

三、体育健康服务的智慧化路径

（一）注重提供个性化和专业化的用户服务

个性化服务路径是智慧体育平台实现个性化健康管理的核心机制。该路径基于用户的个人信息、健康状况和健康目标通过智能算法和数据分析技术，为每位用户量身定制运动方案和健康管理建议。这种服务路径的实现离不开对用户数据的全面分析和理解，包括但不限于年龄、性别、体重、身高、运动习惯、健康状况等方面的信息。通过综合考量用户的个人特征和目标，智慧体育平台能够为用户提供科学合理的运动选择，满足其个性化的健康需求。

在个性化服务路径中，智慧体育平台不仅能够为用户量身定制运动方案，还能够提供个性化的健康管理建议。这些建议可能涉及运动强度、频率、时长、运动项目选择等方面，根据用户的身体状况和健康目标进行精准调整。通过这种个性化的健康管理服务，用户能够更好地适应运动方案，提高运动效果和满意度，从而更好地促进健康生活方式的形成和维持。

个性化服务路径的实现对于智慧体育平台具有重要意义。首先，个性化服务路径能够提高用户的参与度和满意度，以及用户对平台的信任度和忠诚度；其次，个性化服务路径能够有效降低用户在运动过程中的风险，以及不良反应和意外事件发生的可能性；最后，通过不断优化个性化服务路径，智慧体育平台能够不断提升用户体验，不断吸引更多的用户加入健康管理的行列中来。

（二）注重提供社群化和多元化的用户服务

社群化服务是智慧体育平台的一个重要特征，其核心在于通过建立用户社群，实现用户之间的互动、分享与支持，以促进健康生活方式的维持和发展。社群化服务的实施，不仅能够提升用户的参与度和归属感，更能够为用户提供丰富的运动经验、灵感和动力，从而加强他们对健康生活的信心和决心。此外，通过多样化的运动项目和健康管理服务，智慧体育平台能够满足不同用户的兴趣和需求，使健康生活方式更具吸引力和可持续性。综上所述，社群化服务路径在智慧体育平台中发挥着重要作用，通过促进用户之间的互动和交流，增强了用户参与健康管理的积极性和主动性，推动了健康生活方式的普及和发展。

（三）注重对智能检测设备大数据的挖掘利用

数据挖掘服务路径是智慧体育平台中一项关键的功能，其主要目的在于通过对用户运动数据的深度挖掘和分析，为用户提供个性化、科学化的健康管理服务。该路径依托智能检测设备，实时收集用户的运动数据，涵盖了运动强度、时长、频率等多维度信息。这些数据经过处理和分析后，可以为用户的健康状况和运动行为提供深入洞察，从而有效识别用户的健康风险、评估运动效果，并为用户提供个性化的改进建议和预防措施。

在数据挖掘服务路径中，智慧体育平台利用数据挖掘技术，对大量的用户运动数据进行深度分析和挖掘。通过机器学习、数据挖掘等算法，平台可以发现数据中隐藏的模式和规律，从而为用户提供更精准和个性化的健康管理服务。例如，通过分析用户的运动数据，平台可以发现用户的运动习惯和行为特征，进而为用户量身定制运动方案和提供个性化的健康管理建议，提高用户的运动效果和满意度。

除了为个体用户提供个性化服务外，数据挖掘服务路径还可以为智慧体育平台的科学研究提供支持。智慧体育平台可以利用大数据进行运动医学和健康管理领域的研究，挖掘用户运动数据中的潜在规律和趋势，推动健康管理理论和实践的不断发展和完善。

四、体育健康服务智慧化面临的挑战与应对

（一）技术方面

智慧体育服务依赖于传感器、物联网、大数据分析和人工智能等先进技术，但这些技术目前仍存在一些限制和挑战。例如，智慧体育依赖于传感器来收集用户的运动数据，如步数、心率等。然而，传感器在某些情况下可能存在准确度不高或不可靠的问题，例如在极端运动环境下或与用户身体特征不匹配时。因此，需要进一步提高传感器的技术水平，确保获得的运动数据具有高度准确性和可信度。大数据分析和人工智能算法在智慧体育中起着关键作用，可以从海量的运动数据中提取有用的信息，并为用户提供个性化的健康管理建议。然而，如何有效地处理和分析庞大的数据集，如何建立准确的模型来预测用户的健康状况等一些技术限制仍需面对。因此，需要不断探索和改进大数据分析和人工智能算法，以提高其精度、效率和可靠性，为用户提供更准确和个性化的健康管理服务，以推动智慧体育的发展和应用。

（二）隐私安全方面

智慧体育平台作为数据收集、处理和分析的主要载体，面临着大量用户个人健康数据的管理责任。数据的收集过程应当遵循隐私保护的原则，明确告知用户数据收集的目的、范围和方式，并取得用户的同意。在数据存储方面，应当采取安全可靠的存储方案，确保数据不会被未经授权的访问和篡改。同时，在数据传输过程中应当采用加密等安全措施，防止数据在传输过程中被窃取或篡改。智慧体育平台需要制定严格的数据安全和隐私保护措施。这包括但不限于技术措施、管理措施和法律措施。在技术方

面，应当采用先进的安全技术和加密算法，确保用户数据的安全性和完整性。在管理方面，应当建立完善的数据访问权限管理制度，限制不同用户对数据的访问权限，防止数据被滥用或泄漏。智慧体育平台需要建立有效的数据监管机制，及时发现和应对数据泄漏和滥用的风险。这包括建立监测和报警系统，对异常数据访问和使用行为及时发现并警示，以及建立应急响应机制，及时应对数据泄漏和滥用事件，最大限度地减少损失和影响。

（三）监管方面

智慧体育应用所面临的法律和监管挑战是其可持续发展的核心。在数据收集阶段，平台应当明确告知用户数据收集的目的、范围和方式，并获得用户的同意。此外，平台还应当建立健全的个人信息保护制度，明确个人信息的收集、存储、处理和使用规则，采取必要的技术和管理措施，保障用户个人信息的安全性和保密性。在数据存储和传输过程中，平台应当采取必要的安全措施，防止用户数据被非法获取、篡改或泄漏。此外，平台还应当建立健全的数据安全管理制度确保数据的完整性和可用性，及时发现和应对数据安全风险，最大限度地降低数据泄漏和被滥用的可能性。最后，智慧体育平台还需要与相关监管机构进行合作，满足监管要求，确保智慧体育应用的合法性和可信度。这包括但不限于与健康管理机构、医疗机构等相关机构进行合作，共同制定和实施智慧体育应用的监管标准和规范，建立健全的监管机制，加强对智慧体育应用的监督和管理，保障用户的合法权益和健康安全。

（四）用户接受度方面

虽然智慧体育平台提供了个性化的运动方案和健康管理服务，但用户是否愿意参与和使用智慧体育应用仍存在不确定性。这种不确定性主要源于两个方面：其一，用户可能对个人隐私泄漏和数据滥用的风险感到担忧。智慧体育应用在收集用户数据时，可能会涉及个人身体状况、运动习惯、地理位置等敏感信息，用户担心这些个人信息可能会被不法分子获取，导致个人隐私泄漏和身份盗用等问题。其二，用户对智慧体育应用的有效性和可信度可能持保留意见。虽然智慧体育平台声称提供科学的运动方案和健康管理服务，但用户往往需要更多的实践证据来验证其效果。用户可能质疑智慧体育应用所依据的算法和模型的准确性和可靠性，以及运动数据的真实性和精确性。

为了应对这些挑战，智慧体育平台可以采取以下策略。首先，加强与用户的沟通，让用户了解智慧体育应用的工作原理、数据处理方式以及个人信息保护措施，从而增强用户对隐私保护的信任；其次，建立用户反馈机制，积极听取用户的意见和建议，改进智慧体育应用的功能和服务，提高用户满意度和参与度；最后，加强行业自律和监管，制定智慧体育应用的标准和规范，推动行业的健康发展，提高用户对智慧体育应用的信任和接受度。

第二节　融合发展：体育健康与养老服务

一、体养融合的概念

伴随着老龄化进程的加速，养老成为中国社会一项重要的民生问题。养老服务作为一项能为老年人提供特殊需要，满足其物质和精神生活需求的基本公共服务，随着家庭养老功能的弱化和社会养老观念的转变，其内容也由单纯满足“老有所养”的物质需求上升到“病有所医”的社会保障，以及“老有所乐”“老有所学”“老有所为”的精神慰藉。目前，我国养老服务尚存在服务模式多元化不足、个性化服务缺乏、支持性政策执行效果不理想等问题，难以满足老年人健康养老的需求，迫切需要转型升级。

体育健身具有“治未病”和“疗心病”的功能，有利于提高老年人行为能力和生存质量，是健康养老的基础保障。推动体育健身与养老服务融合（以下简称“体养融合”），是在体育健身和养老服务资源有机整合、服务功能综合拓展的基础上，充分发挥体育促进健康的作用，创新养老服务内容，形成健康的养老模式。其中，体育健身要以养老服务为目标和指向，养老服务要以体育健身为途径和手段，形成相互渗透、相互补充、相互促进的发展新格局，最终满足老年人日益增长的多元化、多层次的养老服务需求，助力健康中国战略目标的实现。

二、体养融合的现实意义

（一）提高老年人的体质和心理健康水平

体养融合的本质在于通过体育干预提高老年人的行为能力和生活质量，提高健康余寿，增强老年人的幸福感。一方面，体养融合可以充分发挥体育强身健体的本质功能，增强老年人体质，预防和减少疾病的发生，为老年人生命质量保驾护航。随着年龄的增长，身体机能的下降，老年人出现各种慢性疾病，严重威胁其身体健康。体育“治已病”功能可以对慢性病进行康复治疗，恢复肢体功能提高老年人行为能力，确保老年人生活质量和生命尊严。另一方面，体养融合可以发挥体育娱乐身心的衍生功能，是提升老年人心理健康水平的重要手段。离退休后，生活方式的改变和社会作用的降低容易造成老年人安全感缺乏，进而会产生孤独、寂寞的情绪，影响心理健康。体养融合有利于促进老年人体育锻炼生活化的形成，对缓解因孤独、寂寞产生的不良情绪具有重要的意义，是老年人增强幸福感不可或缺的精神食粮。

（二）促进健康养老的实现

体养融合的关键是通过体育服务和体育产品实现体育在养老领域内的经济价值和社会价值，促进健康养老的实现。一方面，体育“治未病”和“疗心病”的功能可以预防和减少疾病的发生，降低医疗费用的支出，实现健康养老的经济价值。运动是良医，科学合理的运动是预防疾病发生的重要手段，是降低医疗费用支出的重要途径。世界卫生组织调查显示，预防多投入1元钱，治疗费可减少85元，抢救费可节约100元。另一方面，科学技术的创新可以研发出兼具体育属性和养老功能的新产品，既能满足老年人日益增长的多元化体育健身需求，又能提高养老服务的质量，有助于实现健康养老的社会价值。例如，运动App、运动手环等智能化健身服务产品，可以为老年人的科学锻炼提供帮助；体育医疗仪器、体育康复设备等体育科技产品可以为高品质的养老提供物质支撑。

（三）促进健康资源融合

健康中国建设立足全人群与全生命周期两个着力点，力求实现全民健康。无论是惠及全人群还是覆盖全生命周期，老年人健康问题都是建设健康中国不可回避的挑战。体养融合有利于促进体育、医疗、养老资源在老年健康领域的融合，是推进健康中国建设的重要途径和手段。首先，能将体育与养老服务的人力资源进行整合，培养既能对身体健康状况进行诊断、制定合理运动处方，又能对科学健身进行指导的“亦体亦医”的复合型人才，为健康中国建设提供人才支撑。其次，能将体育与养老服务的学科知识进行整合，使制定的运动处方、指导的科学健身活动及身体康复训练更精细化、多样化及精准化。最后，能够将体育设施资源与医疗卫生资源进行整合，为体质监测、运动负荷监测及康复保健提供更科学的保障。因此，体养融合可以充分发挥体育对健康的促进作用，丰富“体医融合”“医养结合”等健康养老模式的内容，以此来助力健康中国建设。

三、体养融合发展的推进路径

（一）实施理念创新工程，提高融合的能动效能

体养融合是健康养老的重要组成部分，不仅能实现社会资源效用的最大化和养老服务模式的精准化，而且能减少老龄化带来的压力以及减轻医疗负担。“理念创新”是实施体养融合的前提条件，通过“内部增能、外部赋能”的方式营造融合的内部土壤和社会支持环境。在内部增能方面：一是培养老年人的体育健身意识，提升健康素养。通过在公园、绿地广场、全民健身路径等休闲健身功能区的宣传栏配备用于宣传、指导和帮助老年人进行健身活动的图示或指南，引导老年人主动进行体育锻炼，帮助老年人形成科学、规律的健身习惯。二是弘扬主动健康理念。通过举办健身与疾病预防的专题讲座、组织小型的体育竞赛活动等途径，增强老年人对体育预防慢性病的理解和认识，促进老年人将科学运动作为非医疗干预健康的手段融入生活。在外部赋能方面：一是各级政府部门要转变观念，以提高老年人的行为能力、心理状态、社会参与等指标为出发点审视体养融合对健康养老的作用和价值。基于“大健康”理念，整合部门资源，充分发挥宣传、卫生、体育、养老等部门的协同效能，促进服务理念的转变。二是从体养融合的内容、实施步骤和政策入手，在社区、医院、养老机构采取主流媒体和非主流媒体相结合的方式进行宣传，引导老年人建立科学、健康的生活方式。同时，提高社会对体养融合的关注度、认可度及参与度，为体养融合的传播、推广营造全社会关心、支持的舆论氛围。

（二）实施跨界合作治理工程，提高融合的有效性

体养融合是体育健身与养老服务供给的新模式、新业态，其发展实施需要政府部门给予合理的政策支持和科学的引导。实施医疗、养老及体育部门的跨界合作治理是推进体养融合发展的基础保证。在“大健康”“大卫生”思想的指导下，建立权责明确、定位清晰的跨部门协同治理机制，建立宏观、微观相结合的政策保障机制。在宏观的决策层，加强法律顶层设计，以新时代健康养老的需求为引领，构建体养融合的政策体系，为进一步推行体养融合的发展提供政策支持和法律依据。在微观的操作层，政府部门应协同社会组织、高校科研人员通过实地调研来制定体养融合发展的具体指导意见、建设模式、建设标准，并完善人力、物力和财力等各项支持的保障制度为体育和养老部门融合搭建对接平台。

破除部门和行业间的“壁垒”，建立多部门、跨领域的协同参与机制。一方面，在制定体养融合相关政策、规划的过程中，体育、医疗、养老等部门应通力合作，破除壁垒、明确权责，做到多部门协同治理，解决“集体行动”的难题。另一方面，加强部门与行业间的沟通合作，利用行业优势，在资源信息共享的基础上实现利益协同。政府部门在确保多方共赢的基础上，激发市场与社会组织参与体养融合供给的活力，如充分发挥市场在资源配置和服务过程中的决定性作用，创新服务形式，促进社会资本参与体养融合的共建共享；充分利用社会组织志愿服务性、组织灵活性等特点来提升体养融合的关联度。

建立稳定的财政支持机制。首先，针对当前体养融合还处于探索阶段，在资源重组和供需上还不匹配的问题，应制定税收优惠、信贷支持、场地建设等扶持政策，降低体养融合发展成本。其次，通过政府出资购买社会服务的方式组建体养融合专项发展基金。最后，通过制定相应的优惠政策充分调动慈善机构、非营利组织等社会力量在募资方面的经验和优势，鼓励、吸引社会资金的注入，拓宽资金来源渠道。

（三）实施人才支撑工程，提高融合的质量

跨学科的复合型人才是推动体养融合的重要保障，既能够担任“全科医生”的职能，又能扮演“健身活动指导者”的角色是人才培养的基本目标。在顶层设计层面，紧密结合国家战略和社会发展需要研制出台“运动健康指导员培养和普及方案”，并明确培养目标、量化培养标准、细化培养措施，为复合型人才培养提供政策支持和规范标准。在实践操作层面，应从盘活人才存量和培育人才增量两个方面着手，实施专业人才培养战略。盘活人才存量主要是对现有体育、医疗人才通过进行继续教育来优化知识与能力结构。一方面，加强对医疗卫生人员的培训，提高“全科医生”制定运动处方的能力，强化基本体育锻炼指导技能，增强医护人员在体育健身中的“话语权”和指导监督作用，如“浙江省全科医生‘体医融合——运动健身促进健康’业务培训”通过集运动、预防治疗、康复于一体的培训，增强了全科医生和社区医生制定运动处方的能力。另一方面，加强体育社会指导员培训，增加其运动医学知识储备，提高科学健身指导能力。通过聘请临床医生开展“运动促进健康”的专题讲座以提高健身指导的针对性、有效性。此外，建立“复合型人才进社区进养老机构”制度，定期选派全科医生、社会体育指导员、运动康复治疗师进驻社区养老服务中心、养老机构，对养老服务从业人员进行健康养老的职前教育和职后培训。培育人才增量主要是通过教育改革增加后备人才的数量和提高后备人才的质量，为健康养老行业储备和输送高素质人才。首先，通过相关政策的引领与扶持来扩大招生规模，增加人才培养的数量。其次，转变教育理念，创新学校人才培养模式，如体育院校和医学院校可通过联合办学、联合培养等方式，依托各自办学特色和优势，组成跨学科的专业团队，实现复合型人才培养。最后，以社会需求为导向设置专业课程内容，强化实践创新型人才培养，做实“校企合作”和“订单培养”，促进体育部门与养老部门的有效衔接，提高人才培养质量。

（四）实施科技创新工程，提高融合的精准性

科学技术的创新发展催生出的新技术、新产品打破了体育健身与养老服务的边界，是影响两者融合深度和广度的主要“推手”。通过实施运动促进健康的科技行动计划，推动融合的理论与实践创新，以提高融合的精准性。在理论创新方面：发挥科研机构在体育、医学领域内的实验和应用研究作用，促进科研成果的积极转化。通过运动医学和运动人体科学关于运动促进健康的实验研究，建立满足老年人个性化需求的运动处方库和科学健身指导资源库。通过科学循证细化和完善老年人体育锻炼标准，改进运动健身方法，提升老年人科学健身的有效性、安全性和精准性。在实践创新方面：通过科技创新加强健康养老的软硬件建设，提高健康养老的物质基础和管理效率，推进体育健身和养老服务治理能力现代化。一方面，利用科技创新加大对体育、医疗设施、设备及老年人健身用品的研发力度，为健康养老提供物质支撑。另一方面，深化“互联网 +”服务，在体养融合的基础上增加互联网的创新思维，提升健康养老的管理效率，如通过大数据信息，推进智慧化体育场馆的建设，为老年人健身提供更便捷、安全的场地设施。建立国民体质健康监测系统，通过大数据的监测及时掌握老年人体质健康变化，为老年人提供更精准的运动干预方案。打造智能化的养老服务平台，通过“线上”“线下”相结合的服务方式，提高服务效率，降低服务成本，使养老服务更便捷、精准、高效。

第三节　社区体育健康网络建设

一、社区与社区治理的概念

社区，是以某一地理区域和一套规范和制度为基础的，介于邻里与区域之间的社会群体，它是一个区域社会生活共同体，是社会学的研究单位。

社区应包括六个基本组成部分：一定数量的社区成员、一定范围的地理空间、一定规模的社区设施、一定形式的社区组织和合作生活体系、一定特色的社区文化、一定程度的归属。社区的概念是非常灵活的，它的范围可以根据不同的分析需要分为不同的层次。因此可以说，社区除了具有一定的地理特征外，还具有一定的社会意义、经济意义和文化意义，不再是一个简单的等同于行政区域的概念。

从社会治理到社区治理是国家治理重心下沉的需要，是推动社会治理现代化的突破口。社区治理需要推动建立政府主导、群众性组织自治、社会力量协同的新格局。要推动社区服务和管理力量的下沉，推进服务型政府建设。要充分发挥居委会和社区服务机构的作用，提高社区公共服务管理的能力和水平，使社区生活更便利、更和谐。居委会对社区的治理起着十分重要的作用，一方面具有社区日常的管理功能，如加强社区的公益性服务和市场化服务；另一方面要提供多样化的服务。社区治理需要实现从粗放型的管理向精细化管理的转变。在智慧社区中，居委会利用社区服务机构为社区居民提供服务，需要利用信息科技手段对社区进行智能化管理，与社区居民和社区服务机构之间建立起沟通协作的桥梁。

二、社区体育服务的内涵

社区体育服务是深入实施全民健身国家战略、推进健康中国行动的重点，积极推进社区体育服务，是广泛开展全民健身活动的重要途径和重要抓手。社区体育服务的主要任务是，以增强人民体质、提高身心健康水平为目标，从人民群众日益增长的对健康的需求以及参加体育健身多样化需求出发，为社区居民提供完善的全民健身公共服务供给和便捷、高效、科学的体育服务，不断满足社区居民参加体育活动的基本需求，积极引导居民群众树立科学健身的理念，养成健康文明的生活方式，在社区形成居民积极参与体育健身、拥有健康身体的社会环境。

社区体育服务是保障居民的基本体育权益的重要内容，社区居民体育需求呈现多样化的特点，社区体育服务的内容随着居民体育需求不断变化，需要根据居民的实际需求和经济社会发展的状况，提高社区体育治理的能力和水平。社区体育服务的内容是一个有机整体，是社会福利性、微利性或盈利性服务的行为的总称。要积极探索新形势下社区体育服务的新思路、新举措，以需求为导向，构建面向基层、服务大众的全民健身公共服务体系。第一，领导方式从单纯的行政化管理模式向协调、指导、服务方向转变；第二，组织方式由以条为主向条块结合的网格化方向转变；第三，活动的方式由过多依靠政府向更多地注重整合资源，调动各方面积极性、创造性，积极推进信息化、网格化的方向转变。

社区体育服务应抓好六个方面的工作：第一，健全群众身边的组织。大力发展各类体育社会组织，充分发挥体育社会组织在开展全民健身活动、提供专业体育指导服务、承接全民健身服务等方面的作用，鼓励和引导非政府组织、企事业单位等社会各界参与建设全民健身公共服务体系，构建规范有序、充满活力的全民健身组织网络，促进全民健身公共服务的多元化供给。第二，建设群众身边的体育场地设施。体育场地设施是做好社区体育服务的硬件基础，要多途径、多渠道、多模式地解决群众体育场地缺乏的问题，提供全民健身的基础设施保障，解决好群众去哪里健身的问题。随着“互联网＋”时代的到来，智慧健身房、智能路径、智慧健身步道、智慧球场等应运而生，使体育场地设施变得更便捷、实用、科学和利民，需要进一步推广和宣传。第三，丰富群众身边的体育健身活动。广泛举办群众参与度高、覆盖面广、基础好的体育活动，突出健身性、参与性和趣味性。大力发展群众喜闻乐见的运动项目，打造全民健身活动品牌，提供丰富多彩的活动供给。第四，办好群众身边的体育赛事。创新群众体育赛事的组织模式，积极推动政府主导向社会化、市场化转变。丰富群众体育竞赛组织主体，满足群众多样化的健身需求，引导和激发群众的健身热情。第五，加强群众身边的健身指导。推动全民健身与全民健康的深度融合。积极开展国民体质监测工作，开具运动处方，开展慢性病预防，推进科学健身方法，提升全民科学健身的意识和能力，推进现代信息技术手段与全民健身相结合，提高全民健身科技水平。第六，弘扬群众身边的体育健身文化。普及健身知识、宣传健身效果、弘扬健康新理念、倡导健康生活方式，树立全民健身的榜样，营造全民健身的良好氛围。

三、社区智慧体育服务网络的建立

（一）社区智慧体育服务的概念

社区智慧体育服务指充分利用互联网、物联网、大数据、云计算、人工智能等现代信息技术，以满足居民群众的健康需求作为出发点和落脚点，以提供便捷、高效、安全、科学的全民健身公共服务为目的，构建“互联网＋体育”的智慧体育服务平台，有效整合社区内的各类体育服务资源，优化社区体育服务供给与管理，增强社区体育服务的主动性、创造性和精准性。推进社区智慧体育服务是建立新型社区体育服务管理的新模式，提升社区体育治理的高效化和科学化，对构建更完善的全民健身公共服务体系、加速推进全民健身现代化，具有深远的影响和作用。

运用现代化信息技术，提升体育供给能力、增加科学有效的供给，是推进体育服务管理的必然趋势和必然选择。社区智慧体育服务要以现代信息技术为依托，实现现代信息技术与社区体育服务的需求耦合运用，构建社区“智慧型”的体育服务网络和平台。推进社区智慧体育服务，能在提高全民健身科学指导和信息化服务水平方面发挥有效的作用，使社区居民的体育服务更便捷、高效、准确。信息技术与体育服务相结合会产生一系列倍增效应，例如，第一，运用大数据技术，及时分析经常参加体育锻炼的人数，综合评价体育健身效果，提高社区居民健身指导水平；第二，积极探索社区体育场地设施与运营管理网络化、信息化，推进体育场地设施服务管理创新，促进社区体育场地设施升级换代，提升智能化程度，为社区居民提供更便捷、安全、高效、科学的健身环境，更好地满足社区群众对体育服务的个性化、多层次需求；第三，建立集体育场馆、国民体质监测、健康咨询、健身指导、运动康复等于一体的互联网信息平台，有力推动“互联网＋”全民健身入户工程，培育健身信息聚合、健身 App、智能健身硬件、健身在线培训等新业态，增加体育优质服务的有效供给，满足居民群众不断提升的体育消费需求。

（二）建立社区智慧体育服务网络

社区智慧体育服务网络以信息技术为支撑，以体育资源整合和体育服务应用为重点，将社区治理、体育服务、社区发展等各项事业有机结合，构建集管理信息化、服务智能化、运作高效化于一体的综合信息系统，以提高社区体育服务供给水平，实现社区体育管理和服务的智慧化，增强居民群众的获得感和幸福感。社区智慧体育服务网络的价值体现在以下两个方面：第一，依据现代信息化技术和标准化建设，有效整合社区各类信息资源，打破“条块分割”和“信息孤岛”，探索互动式、网络化、开放式的社区治理新模式，建立体育智能化社会服务模式，为社区居民提供智能化的服务。第二，社区智慧体育网络的建设，有助于降低管理成本，增强运行效能，推动基层政府向服务型政府转型，提高体育治理的水平。社区智慧体育服务网络的建设，可以优化传统体育组织架构，减少人工成本，提供更便民、利民的体育活动环境，且融入智能科技元素，实现社区体育服务管理的创新变革。社区智慧体育服务网络的建设，有利于均衡资源的调配，推动政府各部门的数据共建共享。

社区智慧体育服务网络推动现代信息技术在社区治理和体育服务管理中的耦合应用，不断提高全民健身智能化、信息化水平，更好地提升社区居民的健康素质。社区智慧体育服务网络针对传统的社区体育管理服务而言，在理念、方法、手段以及措施上，都发生了深刻而根本的变化。传统的社区体育服务，存在着管理体制机制不完善、服务管理能力和自治功能不强、全民健身科学化水平不高等诸多问题，而积极推动社区智慧体育服务网络建设，在创新社区治理体制机制上取得了新的突破，在构建基层全民健身公共服务体系上取得了新的进展，在为社区居民群众的体育服务管理上，实现了精准化、便捷化、高效化和科学化，推进了治理方式的不断优化。

社区智慧体育服务网络的建设和运行是一项复杂的系统工程。在建设过程中，需要将社区居民的需求与各公共服务部门的职能紧密勾连，做到信息共享、部门联动、业务协同，以实现社区体育治理的精细化。在运行过程中，要完善工作机制，建立政府服务部门、信息化工作部门、体育业务部门、社会组织的分工明确、协调畅通的工作机制，完善横向协作、纵向联动、共建共治共享的运行机制，做到并实现数据互通、并联运行的闭合管理。

第四节　体育健康服务专业人才培养

一、健康中国战略下体育专业人才培养实践

党的十八届五中全会首次明确提出“要把人民健康放在优先发展的战略地位”，开启了健康中国建设的新局面。2016 年，习近平总书记在全国卫生与健康大会上把准时代脉搏、回应人民期待，发表了“没有全民健康，就没有全面小康”的重要讲话，为全面推动健康中国建设指明了目标与方向。“健康中国”战略的提出不仅为当今体育事业的发展注入了新的活力，同时对新时代高校体育专业人才培养的发展方向提供了行动遵循。随着我国体育事业不断发展，社会对体育专业人才需求不断增强，但人才培养和社会服务“产品”存在供需错位现象，目前的“产品”质量与种类对“健康中国”需求侧的供给能力明显不足。为此，在迈步健康中国的新时代大道上各高校如何进行体育专业人才培养的结构性改革，加速调整人才培养和社会服务产品的供给结构，如何以“健康中国”建设和社会需求为目标，不断提高与社会人才需求的吻合性，这不仅对于健康服务业的发展有重要的现实意义，而且是高校构建符合“健康中国”战略实施所需人才培养模

式的必由之路。

在“健康中国”发展建设背景下，体育产业转型升级，体育消费成为热点；体育投资不断增加，公共服务日益完善；健康领域更广泛，人才需求更多元。这些给高校体育专业人才培养提出了新的要求，改革成为必然。

第一，从社会需求角度来看，高校体育专业人才培养供给侧结构性改革是发挥人才服务社会功能外在逻辑的重要体现。在目前的体育专业人才市场中，已出现严重的供需错位现象，中低端人才总量趋于饱和，而高端体育产业、健康服务业等跨界人才则十分短缺。也就是说，当前的体育专业人才培养无法满足健康中国建设和社会发展所需要的优质人才“产品”，因此，在新的历史时期高校体育学科专业的发展建设，要以满足“健康中国战略需要”“体育产业发展需要”“全民健身需要”为导向，从而倒逼高校不断提高供给质量和效率，提供更多高质量的人才“产品”，使之成为“健康中国战略的引擎”“体育产业转型升级的智库”“全民健身发展的服务站”。

第二，从高校自身发展来看，高校体育专业人才培养供给侧结构性改革是高校自身发展内在逻辑的必然要求。高校体育专业人才培养供给侧结构性改革要取得实效，必须将其改革的逻辑设定在高等教育自身发展规律的语境下，将其着力点放在破解高校发展难题上。近年来，体育类相关专业被教育机构亮红牌的新闻屡见报端。从传统的培养模式来看，单一的学科逻辑造成大学毕业生严重缺乏从业素质与能力，缺乏竞争力。习近平总书记在全国教育大会中指出，新时代高等教育要强化人才培养的核心地位和一流本科教育的基础地位。因此，培养应用型本科专业人才符合我国高等教育非均衡性的特点，有利于高等教育大众化的错位发展。

第三，从学生的成长成才来看，对高校体育专业人才进行有效、精准、创新培养，让学生真正学到知识，是提高体育专业人才培养供给侧的“产品”质量客观反映。当前，高校体育专业人才培养供给侧结构性改革必须立足于体育消费实际，转变人才培养方式，努力改革脱节于实践的刚性供应模式，以达到实践育人的“降成本”、课程设置的“高效率”、考核方式的“扬长补短”、创业就业的“产能提升”等目的。同时，通过改善高校体育专业人才培养供给结构，如教学资源整合、丰富资源配置、优化服务模式等，形成丰富、多元、可选择的新的供给结构，实现高校体育专业人才培养符合社会对人才的总体需求。

二、体育专业人才培养的创新策略

一是在理论研究方面，建立“多维、协同、贯通”的育人机制，紧紧抓住培养“应用型体育人才”这个牛鼻子，建构“素质、知识、能力”的三位一体人才培养结构；整合学校优势教育教学资源，联合各职能部门，促进体育学类本科专业的教学与科研、教学与管理、校内与校外、学校与企业协同联动；将通识教育、专业教育、创业教育作为整体进行统筹规划，实现培养方案和课程设置相互衔接，重点通过“课程育人”“实践育人”“文化育人”三个层面推进全员、全过程、全方位育人，即“三全育人”。

二是在研究对策方面，立足“健康中国”战略和新时代教育背景，主要以人才培养目标定位、专业特色和方向凝练、教学体系与课程内容改革、师资与教学资源建设、创新与实践能力培养、就业观与就业体系创新、校企合作平台培育七个方面作为改革和实践的重点，针对性更明确并具有很好的继承性、创新性和时代性。

三是创新构建“分段式、模块型、个性化”的培养模式。在人才培养方案中，实施通识教育基础上的个性化专业教育，并强化实践育人功能，将人才培养分为通识教育、专业教育和实践教育三个阶段，构建“体育＋健康＋服务＋创业”模块型课程体系，实行学生自主选择专业主修方向和专项运动项目进行个性化培养，切实提高体育学类专业人才培养供给侧的“产品”质量。

四是创造性地将“健康教育、礼仪教育和创新教育”三育融合。坚持把以身体、心理、行为、道德为要素的健康教育和以“创新精神、创造能力、创业意识”为内核的三创教育融入人才培养全过程中的各环节；同时通过实施“立德树人、以文化人”计划，将“慎独自律、诚信利他”的高球精神、“信廉仁勇、不屈不挠”的剑道精神、“礼义廉耻、忍耐克己”的跆搏精神等健康休闲礼仪教育有机结合，充分凸显体育文化和体育精神在新时代体育本科人才培养中的重要作用和历史使命。

三、体育本科专业人才培养的有效途径

（一）创新培养模式

随着“健康中国”国家战略的积极推进，体育产业转型升级步伐不断加快，体育消费已成为热点，体育投资不断增加，公共服务日益完善，健康领域更广泛，人才需求更多元，健康服务领域已成为高校体育专业学生就业的主要渠道。基于此，高校必须主动适应社会对健康服务人才的多元

化需求，以体育类专业人才培养的本质内涵和基本逻辑为出发点，积极创新培养模式，按照需求侧对高校人才培养和社会服务供给进行结构调整，更好供给对口优质“产品”。例如，某高校先后4次修订人才培养方案和课程体系，把“健康引领、分类培养、立足应用、强化实践、特色鲜明、注重创新”作为体育学类本科专业教育教学改革的基本思路，大胆创新人才培养模式，并逐步凝练形成了以培养“应用型体育人才”为主体，以社会体育指导与管理专业、休闲体育专业两大体育学类专业为两翼，构筑了三大人才培养方向，即大众健康表演类（如健美操、啦啦操、体育舞蹈等）、社会体育指导类（如羽毛球、乒乓球、网球、游泳等）、健康休闲礼仪类（如高尔夫球、击剑、跆拳道等），并以国家级特色专业建设为推动力，以省级教学团队、精品课程为重点，以健康教育、礼仪教育和创新教育为内核，以转变方式、实践育人、协同保障、多元评价为驱动的“一体两翼、三育融合、四轮驱动”的应用型体育本科人才培养模式和教学体系。

（二）调整培养目标

在健康中国建设背景下，体育产业和健康服务业的岗位职责正在从“简单的业务管理与指导”，转向“以科学、合理开展体育、健康产业为核心”的专业技术服务，无疑是对当前新时代体育专业人才培养提出的新要求。为应对此种结构性矛盾，把“培养基础扎实、人格健全，具有较强的服务实践能力、专业适应能力和创新与创业精神的高素质应用型人才”定位为学校体育学类专业本科人才培养的目标，为学校体育学类专业本科人才培养找准了抓手和落脚点，立足现有教育资源，加强健康教育、健康服务培训，加强与现代健康服务业相关的要求，培养体育专业“素质过硬”“人文素养深厚”“管理能力突出”“能够胜任健康服务型社会”的健康服务技术、技能等岗位的应用型人才。

（三）转变培养方式

进一步明确了民办本科院校理性选择体育类专业人才培养目标定位问题，进而解决办什么专业、培养什么样人才和怎样培养人才的问题，从供给侧结构性改革的角度出发，以社会需要什么样的专业人才，高校就培养什么样的人才为根本宗旨。学校在借鉴欧美国家对体育类专业学生进行分类培养的基础上，积极转变体育类专业人才分类培养方式，即“面向大众健康服务，立足社会体育指导，倡导健康休闲礼仪”，以“健康中国”建设和社会需求为目标，以市场为导向，主动转变人才培养方式，积极调整人才培养模式，不断提高与社会人才需求的吻合性，弥补人才培养和“社会服务产品”存在供需错位的不足，增强目前的“产品”质量与种类对“健康中国”需求侧的供给能力。同时，以“项目”设系，以“需求”设专项，充分发挥学生个人特长，逐步增强学生在健康服务领域的创新创业能力，提升岗位胜任力。

（四）优化课程设置

为适应健康中国战略下健康服务业所需的应用型人才，重点围绕体育产业、健康服务业的发展方向，构建起“体育＋健康＋服务＋创业”的课程内容体系，培养学生体育健康服务能力、专业实践能力和社会适应能力。在具体的课程设置过程中，学校积极借鉴欧美和国内高校的思路和做法，尽可能地扩大自主选修课程范围，如增加健康教育、运动营养、运动损伤预防等相关课程，使课程的重心由“以体育知识、技能传授为主”转向“健康促进服务为主”。同时，整合各种资源，并辅以在线网络课程、慕课（MOOC）等教学形式，充分反映专业领域的新知识、新技术和新规范，使课程体系凸显实践性、开放性和职业性的要求。

第五节　营造全民健身文化氛围

一、全民健身的概念

全民健身，是全国人民，不分男女老少，全体人民增强力量、柔韧性，增加耐力，提高协调，控制身体各部分的能力，从而使人民身体强健。

全民是指面向所有民众，而不是特指社会上的某些个别人。在很多人的想象中，健身是类似于在专业体育场或体育馆内，某些专业人士锻炼和休闲的高端享受。事实上，全民健身中的全民，就是要打破这种人为将锻炼区别开来的错误认识，因为健康的身体人人都需要，它是学习、工作、生活的基础。

健身只不过是通过各种运动来锻炼身体的专业说法而已，只要是科学合理的运动，不论何种形式、何种场地，都可以称为健身。其实，只要将健身视为一般的运动，那么健身就可以随时进行，并不一定要挑专门的时间、专门的场地，请专门的教练来指导。

二、全民健身文化的内涵及传播意义

全民健身文化，是涵盖全民健身活动的人文精神与法规政策、理念与宗旨、方法与手段、场地与器材等多方面内容的体育文化，它将娱乐、时尚、健康、亲民等流行元素融为一体，对提高全民体质、加快建设健康中国有重要引领意义。现如今，全民健身政策日益完善，体育场地数量和规模双线扩增，全民健身文化活动迎来了空前繁荣。但与此同时，随着数字化时代的到来，科技改变着运动模式，微文化以新技术和新装置为手段，逐步实现传统的全民健身文化传播载体的转移，全民健身文化传播正面临着许多亟待解决的时代新问题。本书根植于微文化传播视角，解析当前微文化背景下传播全民健身文化的机遇与挑战，并积极探索全民健身文化的传播新路径，促进微文化与全民健身文化的有机融合，助力体育强国建设。营造全民健身文化氛围有以下几点意义。

首先，有利于提升全民的身体素质。随着生活节奏的加快，人们日益忙碌，为了生活不断奔波，经常无暇顾及身体状况。一旦身体出现问题，就丧失了学习、工作和生活的基础，自己痛苦不说，给家庭增加了经济和心理负担，给社会也增加了医疗和福利等负担。可以说，个人的身体健康与他人和社会是息息相关的，只有个人增强身体素质，全民素质才会提高。

其次，有利于增强民众的公共参与意识。全民健身不仅是理念、战略等方面的问题，也涉及公共体育场馆、社区体育设施的科学合理规划等问题。只有全民健身文化深入人心，人们才能从关心自己的个人健康和家庭生活，进一步关注生活小区、市政建设等更宏大的社会公共议题，从而促进整个民族公共参与热情和素质的提高。

再次，有利于科学知识的传播。健身文化看似简单，其实是一个涉及运动学、物理学、营养学、统筹学、人际传播学等多个领域专业知识的综合体系。没有科学知识作指导，健身效果将事倍功半，不仅不利于身体素质的提高，甚至有损个人健康，得不偿失。

最后，有利于促进社会和谐。健身既可以是个人兴趣，也可以是群体兴趣。时下许多城市的社区中，很多不同年龄层次的人喜欢聚在一起从事健身活动，既能锻炼身体，也能开展各种人际交往，逐渐形成人们相互理解、相互包容的心态，从而形成和谐友好的社区氛围。

三、全民健身文化传播中存在的问题

（一）传播的科学性不足

对于全民健身而言，一要热情，二要付诸实践，三要用科学来指导。许多人在健身时存在盲目行为。一方面，很多人不了解自己的身体状况，盲目地按照兴趣爱好参与群体锻炼，结果锻炼效果与别人相比大相径庭。

另一方面，对健身目标没有清晰的认知，盲目地跟随社会流行趋势，不断更换自己的锻炼项目和锻炼方式，结果损害了自己的健康。许多人健身没有完备的计划和长远的规划，全凭一时兴趣而为。当前很多的健身传播内容还存在着伪科学，如甚至有人传“锻炼身体会掉头发、导致秃顶”等缺乏根据的言论等。

（二）传播的组织性不强

首先，在健身设施的规划上组织性不强。生活在社区中的人们经常会有这样的感受：小区健身设施的规划和组织非常不到位，要么健身场地十分稀缺、供不应求，要么健身场地与其他场地（如停车场）混用，既不专业，又影响安全。

其次，对健身活动的组织性不够。在一些社区，全面健身往往流于形式，居委会等机构缺乏有力的组织，很多人都在观望别人健身而没有参与进来。如果健身只是凭着个人或群体兴趣，率性随意而为，没有站在组织传播的高度加以统筹和协调，那么它只会让那些有锻炼热情的少部分人受益。

最后，健身流程的整体组织性也不够。一个科学的健身流程，应该从检查身体开始，确定身体素质的情况，然后再制订相关的锻炼和营养计划。但就目前社区锻炼的情况来看，这些全民健身的组织性还非常欠缺，没有科学系统的规划，处于放任自流的状态。

（三）传播的深度不够

全民健身文化传播的深入性，指的是全民健身的理念、方式、方法等深入人心的程度。当前，这一方面的现状也不尽如人意。一是全民健身的口号喊得很响亮，但真正发自内心地把它当一回事的人却很少。许多人对健身的重要性和常规性认识不足，只有身体出了状况才开始锻炼身体，属于临时抱佛脚；还有人存在很多认知误区，比如将体力活动与健身活动混为一谈，认为体力劳动者就不需要健身等。

二是健身理念深入家庭等基层单位的程度不够。例如，在一个家庭里，家人关心老人和孩子的健康和锻炼，却忽略了自身的体质，近年来，许多疾病呈现年轻化的趋势，这不得不引起大家对中青年群体健身的关注和重视。总之，全民健身文化传播的深入还远远未达到人人重视、人人实践、人人受益的程度。

四、营造全民健身文化氛围的策略

（一）加大全民健身的科普力度

全民健身的文化传播必须注重科学精神，只有在科学精神的指导下，民众健身才能少走弯路，取得最佳的锻炼效果，因此，应采用多种方式，加大全民健身的科普力度。

在国家层面，要自上而下、层层监督地开展全民体质和健身状况的调研，建立全民体质和健身状况的数据库，以便科学合理地制订全民健身的指导纲要等计划；设置科学合理的体质监测和考核标准，将全民健身纳入科普计划。

在社会层面，志愿者组织、体育专业人士、社区管理者等舆论领袖，要发挥传播全民健身文化的带头作用，及时传达全民健身精神的有关指导意见，深入社区、家庭开展全民健身科普活动。

对于家庭和个人而言，则应有意识地制订家庭健身科学计划，让健身的科学成果受益于每一位家庭成员。

（二）多平台整合传播

目前，全民健身文化传播的平台非常多，但就目前的状况来看，这些平台往往各行其是，按照自己的想法和意志自由传播，使全民健身文化传播的内容和平台非常散乱，传播的力度、广度和深度都很欠缺。

在媒介融合的趋势下，可以采用多平台整合的思维，将这些传播平台组织起来进行传播，形成一个组织化传播体系，为全民健身的信息传播服务，形成传播合力，将全民健身文化传播的视角深入每一个人的生活中去。

（三）多采用社区传播的方式

尽管国家传播、媒体传播的影响力非常广泛，但在小众化传播方面可能力有不逮。这时候，社区传播的优势就凸显出来了。因为社区是人们居住、锻炼和休闲的重要场所，人与人之间的信任度和亲密度也比较高，口碑传播的效应比较好，有着共同健身兴趣的人很容易自发组织起来。因此，在社区大力开展全民健身文化传播是因人、因地制宜的好办法。社区的志愿者、居委会以及体育专业人士等，应该加大这方面的传播力度。

总之，全民健身是一个集趣味性和文化性于一体的工程。全民健身文化传播，既需要热情，又需要科学精神的指导，还需要大家的共同努力和长期的坚持不懈。只有这样，才能形成全民健身的文化氛围，才能为我国的物质文明和精神文明建设作出更大的贡献。

参考文献

[1] 朱亚成．全民健身公共服务体系构建研究［M］. 北京：九州出版社，2022.

[2] 刘永强. 中国传统体育健康服务［M］. 北京：化学工业出版社，2021.

[3] 杨添安，邓剑伟，刘冉. 健康风险、服务供给及智慧赋能［M］. 北京：中国财政经济出版社，2023.

[4] 王丽娜，付建宏，薛晓光. 体育强国视域下多元化全民健身服务体系建设研究［M］. 延吉：延边大学出版社，2024.

[5] 王军红. 体育健康产业创新发展研究［M］. 长春：吉林人民出版社，2020.

[6] 李哲. 社区公共体育服务对老人健康的影响研究［M］. 北京：华龄出版社，2024.

[7] 韩丁. 运动休闲与健康公共服务的社会福利基础［M］. 上海：上海三联书店，2019.

[8] 刘维林. 地方公共服务的供给制度演化与多中心协同治理体系研究［M］. 天津：南开大学出版社，2021.

[9] 邵玉萍，李荣源. 健康运动学［M］. 北京：中国中医药出版社，2024.

[10] 孙锋. 公共体育服务体系构建与运行研究［M］. 长春：吉林人民出版社，2021.

[11] 胡庆山. 迈向体育强国的农村体育公共服务研究［M］. 武汉：华中师范大学出版社，2023.

[12] 樊炳有，李井平. 公共体育服务供给的“江苏模式”研究［M］. 苏州：苏州大学出版社，2022.

[13] 金银日，刘东宁. 休闲体育导论［M］. 上海：上海交通大学出版社，2023.